掌尚文化

Culture is Future

尚文化・掌天下

Surfing Web 3.0

with
Metaverse Compliance
Guideline

王　铼　曹　莹 ｜ 主　编

金　巍　黄婧祎　宋　伟　王雪岚 ｜ 副主编

踏　浪
Web3.0
元宇宙合规指引

经济管理出版社
ECONOMY & MANAGEMENT PUBLISHING HOUSE

图书在版编目（CIP）数据

踏浪 Web 3.0：元宇宙合规指引/王铼，曹莹主编；金巍等副主编 . —北京：经济
管理出版社，2022.11
ISBN 978-7-5096-8820-5

Ⅰ.①踏… Ⅱ.①王… ②曹… ③金… Ⅲ.①信息经济—研究 Ⅳ.①F49

中国版本图书馆 CIP 数据核字（2022）第 221142 号

组稿编辑：宋　娜
责任编辑：宋　娜　杜羽茜
责任印制：黄章平
责任校对：董杉珊

出版发行：经济管理出版社
　　　　　（北京市海淀区北蜂窝 8 号中雅大厦 A 座 11 层　100038）
网　　　址：www. E-mp. com. cn
电　　　话：（010）51915602
印　　　刷：唐山昊达印刷有限公司
经　　　销：新华书店
开　　　本：720mm×1000mm/16
印　　　张：17. 75
字　　　数：252 千字
版　　　次：2023 年 3 月第 1 版　　2023 年 3 月第 1 次印刷
书　　　号：ISBN 978-7-5096-8820-5
定　　　价：98. 00 元

本书编委会

主　编　王　铼　曹　莹

副主编　金　巍　黄婧祎　宋　伟　王雪岚

编　委　苏　莉　王晨翼　王思雅　李佳笑

　　　　赵立晴　唐一媛　黄　莹

前　言

2021 年是"元宇宙元年"。在国外，号称"元宇宙第一股"的 Roblox 在美国纽约证券交易所成功上市；Facebook 正式更名为"Meta"（取自"元宇宙"的英文"Metaverse"）；虚拟世界平台 Decentraland 公司发布消息，巴巴多斯将在元宇宙设立全球首个大使馆。在国内，各家传统互联网大厂纷纷入局元宇宙。2021 年 12 月 27 日，百度 Create AI 开发者大会与开发者和网民见面，在元宇宙分论坛中一款名为"希壤"的虚拟空间多人互动平台正式面向开发者开放。2022 年 3 月，厦门市率先印发了《厦门市元宇宙产业发展三年行动计划（2022—2024 年）》，成为我国第一个支持元宇宙产业发展的市级专项政策，随后各地政府陆续出台了元宇宙产业政策。在此背景下，元宇宙相关的产业得到了巨大的发展。但是，每一次新兴产业的兴起阶段都会伴随着各种泡沫和乱象。打着"元宇宙链游""元宇宙通行货币"等旗号的违法行为时有发生。为促进行业健康、有序、持续发展，行业迫切需要一本法律合规类指引书籍，全面分析未来元宇宙场景发展在我国现行监管政策下的合规要求。

本书作为市面上第一部元宇宙法律合规类专著，立足于 Web 3.0 时代发展情境，开创性地构建了元宇宙发展的合规框架体系。本书从主体、价值、场景、治理四个维度出发，深入探讨元宇宙中的参与主体、价值流转、场景合规以及监管治理等层面的重要议题。元宇宙注定不是局限于一国一地的场景，世界的互联互通是其发展的底色。因此，本书从国际化的视角出发，探索对比中西方行业发展的不同路径以及监管思路，并且尝试就跨境互联产生的法律问题提出解决思路与方案。

目　录
Contents

第二篇 ｜ 价值篇

第三篇｜场景篇

第五章

元宇宙时代的中国本土文艺复兴
——文物类数字藏品的合规路径选择　*075*

第六章

区块链技术与全球新金融领域应用回顾与展望　*085*

第四篇｜治理篇

第五篇 ｜ 监管篇

第六篇 ｜ 产业政策篇

引　言
Web 3.0：机遇、挑战与合规

　　20世纪80年代末建立在互联网（Internet）上的网络服务Web（World Wide Web，即万维网）的出现，使全世界的人们可以突破时空的限制，以史无前例的巨大规模开始相互交流。Web的出现是人类通信技术的重大革命，对人类社会产生了极其深远的影响。伴随着各类信息技术的迭代创新，Web时代从Web 1.0演进到Web 2.0，如今正处在向下一代互联网时代Web 3.0演进的重要时点。每一次的演进都会引发新一轮的信息革命，深刻改变着人们的生活、工作以及社会的方方面面。近几年，Web 3.0发展势头强劲，引发资本热潮。本章将探索Web的前世今生，讨论Web的技术演变趋势，分析Web 3.0的可能形态及未来的发展趋势。

一、　Web 时代的技术进路

　　Web时代的进化路径如图0-1所示。

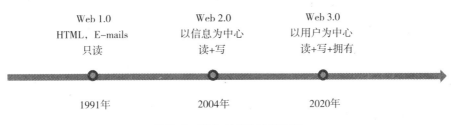

图 0-1　Web 时代的进化路径

（一）　Web 1.0：联通世界

　　Web 1.0是万维网的第一阶段，被称为"只读Web"，一般认为1991～2004年是Web 1.0时代。在这一阶段，信息因为网络联通可以自由流动，世界互联触手可及。只不过受技术发展的限制，在此阶段信息的表现形式较为单薄，网站是信息性的，只包含超链接在一起的静态内容，没有层叠样式表（Cascading Style Sheets，CSS）、动态链接、用户登录、博客评论等互动性操作，互联网用户只是内容的消费者。Web 1.0 的本质是聚合、联合、搜索，其聚合的对象是巨量、无序的网络信息。Web 1.0 只解决了用户对信息搜索、聚合的需求，而没有解决沟通、互动和参与的需求，因此 Web 2.0 应运而生。

（二） Web 2.0：内容为王

Web 2.0 是万维网的第二阶段，通常被称为"读+写 Web"。2004～2020年，Web 2.0 带来的一个根本性转变在于用户可以生成内容并进行互动。特别是随着移动互联网以及 YouTube、Facebook、微信等网络平台的发展，用户可以通过各种在线工具和平台创建和传播自己的内容，分享他们的观点、想法和经验，与其他用户交流互动。相较于 Web 1.0，Web 2.0 的网站和应用程序的易用性、参与性和互动性都得到了质的提升。

无论是 Web 1.0 还是 Web 2.0，用户的线上活动都必须依托于特定的互联网平台。即使在 Web 2.0 阶段，用户可以自主创建和传播内容，但所有内容的生产活动规则均由互联网平台制定，用户无法实际拥有自己产生的信息和内容，互联网公司成为网络活动的实际控制者。换言之，用户的数据为互联网公司发展创造了价值，用户却无法通过"劳动投入"获得"相应的价值"。因此，以平台为中心的生态使得"垄断""隐私保护缺失""算法歧视"等问题成为人们关注的焦点，如何使互联网从封闭走向开放、走向互联互通，已经成为行业发展迫在眉睫的任务，探索 Web 3.0 成为共识。

（三） Web 3.0：价值传递

Web 3.0 是互联网的新时代，通常被称为"'读+写+拥有'Web"。Web 3.0 的本质是去中心化的、安全的互联网，基于区块链底层技术的支持，通过网络实现价值的重新分配，无须中间商或大型科技公司，用户就可以在其中安全地交换价值和信息，实现用户的参与和控制。而当数据成为资产本身，网络世界的价值流动也就自然发生。

Web 2.0 时代的信息互联网是通过标准机器语言把信息组织起来，尽管在浏览器界面上展示的是人类自然语言，但底层本质仍是机器语言，浏览器并不能理解网页内容的真正含义。[①] Web 3.0 不仅能够组合信息，而且还能像人类一样读懂信息，并通过类似人类的行为方式进行自主学习和知识推理，从而提供更加准确、可靠的信息，使用户与互联网的交互更加自动化、智能化和人性化，使关于数字孪生的一切探讨都将成为可能。

在 Web 3.0 时代，数据将属于用户自己，而不是属于某个互联网公司或平台，用户拥有数据的自主权，当数据产生价值时，用户能获得相应的价值回报。

万维网使全世界的人们可以史无前例地跨越地域限制相互联结，通过互联网搜索信息、浏览信息、传送信息、分享信息。但是，人们并不满足于此，随着信息技术的迅猛发展，新一代互联网将更加智能。

二、 Web 3.0 碰撞元宇宙，数字经济载体新生

Web 3.0 不仅是智能互联网，而且是立体全息互联网，能够为用户提供前所未有的交互性、沉浸感和参与感，2021 年，在国内外科技创投领域最火的元宇宙（Metaverse）概念成为互联网技术从 Web 1.0 到 Web 2.0 再到 Web 3.0 的自然延伸。

（一） Web 3.0 与元宇宙的关系

Facebook 正式宣布更名为 Meta 并决定全力投入元宇宙，再一次引爆了大众对于 Web 3.0 和元宇宙的无限畅想，两者究竟谁将代表互联网的未来也一直

---

① 姚前 . Web 3.0：渐行渐近的新一代互联网［J］. 中国金融，2022（6）：14-17.

受到热议。其实就目前的行业发展情况来看，Web 3.0 更多代表着技术发展的基本方向，而元宇宙则代表着应用场景和生活方式的未来，两者相辅相成（见图 0-2）。

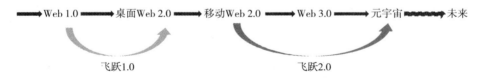

图 0-2　Web 与元宇宙的关系

Web 时代的演进需要强大的技术手段作为支撑。Web 3.0 所具有的分布式账本技术、密码学技术、5G、边缘计算、AI、虚拟现实技术等技术特性，具备解决 Web 2.0 时代平台中心所导致的"垄断""隐私保护缺失""算法歧视"等问题的潜在能力，预示了 Web 3.0 在中国市场潜在的发展空间。

2022 年 3 月 17 日，《中国金融》发表的《Web 3.0 是渐行渐近的新一代互联网》一文，对 Web 3.0 是这样描述的："如今互联网正处在从 Web 2.0 向 Web 3.0 演进的重要时点，加强 Web 3.0 前瞻研究和战略预判，对我国未来互联网基础设施建设无疑具有重要意义。"进一步指出，Web 3.0 以用户为中心，强调用户拥有自主权（Own）：一是用户自主管理身份（Self-Sovereign Identity，SSI）；二是赋予用户真正的数据自主权；三是提升用户在算法面前的自主权；四是建立全新的信任与协作关系。显然，"用户自主"将成为 Web 3.0 时代的关键词。

（二）　Web 3.0 时代的应用场景与价值创造

1. Web 3.0 应用场景

Web 3.0 涵盖去中心化自治组织（DAO）、去中心化金融（DeFi）、加密货币、非同质化通证（NFT）、数字藏品、游戏、社交、供应链管理、存储和数据、创作者经济平台等细分领域。目前，不论在海外市场还是国内市场，相关领域的投资活动和创业项目都非常活跃（见图 0-3）。

图 0-3　Web 3.0 的创投项目

资料来源：Variant Team. The Ownership Economy 2022［EB/OL］.［2022-04-28］. https：//variant. fund/writing/the-ownership-economy-2022.

2. Web 3.0 海外市场投资现状

根据加密货币平台 Coinbase 的研究报告，2021 年投向加密货币领域的资金高达 300 亿美元，融资额超过之前数年的总和。A16Z、Coinbase Ventures、Pantera Capital、Paradigm Capital 以及 Sequoia Capital（红杉资本全球）等多家全球顶级风投机构都在大力布局 Web 3.0。Cryptopolitan 数据显示，2022 年第一季度，Web 3.0 初创公司已获得超 1.73 亿美元的投资。[①] 2022 年，已有超过 15 家机构推出 Web 3.0 专项基金，专注于游戏的风险投资公司 Griffin Gaming Partners 成立的 Web 3.0 基金价值为 7.5 亿美元，世界最大的创投公司之一 Bain Capital Partners（贝恩资本）成立的 Web 3.0 基金价值为 5.6 亿美元。

3. Web 3.0 国内市场投资现状

小米从 2020 年开始连续三年参与 3D 建模、游戏化虚拟空间平台 SaaS 以及拟生命 AI 技术等 Web 3.0 概念投资。字节跳动在 2021 年 6 月收购主打虚拟人偶像的看潮 A-SOUL，2022 年 1 月参与可穿戴设备公司战略投资。阿里巴

---

① 肖恩·尤默特. Web 3. 创业公司：2022 年的资金雪崩？［EB/OL］.［2022-05-23］. https：//www. cryptopolitan. com/web 3-startups-huge-funding/.

巴、腾讯和字节跳动在近年陆续布局了非同质化通证（Non-Fungible Token，NFT）与数字藏品领域。

与此同时，我国企业也在积极地寻找海外的机遇，拓展投资版本。例如，红杉资本参与 Web 3.0 应用程序扩展和隐私系统 Espresso Systems 的融资，腾讯参与基于 Web 3.0 技术的游戏初创公司 Immutable 的融资，TikTok（抖音海外版）加入 Immutable X，推出了带有 Immutable X 的 NFT——TikTok Top Moments。

三、 Web 3.0 在我国的发展前景

Web 时代的演进既是技术进步带来的信息革命，同时也需要在监管框架下厘清技术应用的合理边界。如何迎接即将到来的 Web 3.0 时代，拓展出中国独特的落地和实践路径，也是监管与行业的共同关注点。

（一） Web 3.0 在我国的发展趋势

正如 Web 1.0、Web 2.0 时代互联网技术创新对生活方式与商业活动所产生的巨大影响，Web 3.0 的到来必将颠覆目前的金融、游戏、社交等行业生态。区块链技术在司法存证、数字政务、金融结算等场景中已经得到了广泛的应用。[①] 而基于 NFT 的数字藏品市场的兴起，也是 Web 3.0 时代进行商业化创新的有益尝试。

2021 年 6 月，支付宝小程序"鲸探"（原名蚂蚁链粉丝粒）首发限量版"敦煌飞天"和"九色鹿"数字藏品。2021 年 8 月，腾讯上线旗下 NFT 交易软件"幻核"，首期限量发售 300 枚"有声《十三邀》数字艺术收藏品 NFT"。京东"灵稀"、"百度超级链"、"网易星球"陆续发布数字藏品。在大厂抢占先机的同时，诸多创业公司也不断涌入赛道，数字藏品专门性平台不断涌现

---

① 区块链技术的五大应用场景［N/OL］．学习时报，［2022-05-23］．http://www.cac.gov.cn/2019-11/06/c_1574572443976601.htm.

（见表 0-1），VR/AR 厂商在增强现实交互持续发力的同时，人工智能应用场景得到不断延展，我国的 Web 3.0 市场蓄势待发。

表 0-1　我国主要的数字藏品平台	
平台名称	平台运营主体
鲸探	阿里巴巴
幻核	腾讯
阿里拍卖	阿里巴巴
灵稀	京东
百度超级链	百度
网易星球	网易
唯一艺术	唯艺（杭州）数字技术有限责任公司
Bigverse	杭州原与宙科技有限公司
one meta	江西欧恩壹科技有限公司、中国移动通信联合会元宇宙产业委员会
数藏中国	海南数藏文化科技有限公司

近两年，在多地举办的区块链峰会上，Web 3.0 常与"价值互联网""数字经济"等内容关联在一起。2022 年 5 月 7 日，北京市经济和信息化局会同相关部门发布了《北京市数字经济促进条例（征求意见稿）》（以下简称《条例》），《条例》共九章五十八条，分别从数字基础设施、数据资源、数字产业化、产业数字化、数字化治理、数字经济安全和保障措施等方面对北京市的数字经济工作进行法规制度设计，《条例》第十四条明确指出，北京市统筹推进人工智能、区块链、大数据、隐私计算、城市空间操作系统等新技术基础设施建设。从整体上看，Web 3.0 在我国未来的发展更多地会被放在数字经济发展的框架内，基于 Web 3.0 的基础设施助力实体经济数字化转型，推动中国数字经济发展。

（二）Web 3.0 的监管趋势

Web 3.0 是 Web 1.0 和 Web 2.0 的进一步延伸，仍然是基于网络技术和数据价值的进一步挖掘，现行监管框架一方面明确了 Web 3.0 合规展业的基本规则，另一方面表明了 Web 3.0 的监管方向（见图 0-4）。

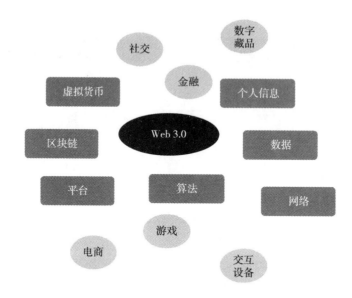

图 0-4　Web 3.0 的监管方向

从目前的监管框架来看，短期内围绕 Web 3.0 的监管仍然会适用"分头而治"的底层逻辑（见表 0-2）。一方面，专门性的法律规定将会针对 Web 3.0 所涉及的共性问题进行顶层监管，包括但不限于区块链技术、虚拟货币、个人信息保护与数据安全、平台竞争以及算法应用；另一方面，针对应用场景的特点以及典型问题，也会逐步完善相关的细则规定。例如，关于数字藏品的发展，中国互联网金融协会等行业自律性组织已经联合发布了《关于防范 NFT 相关金融风险的倡议》，避免数字藏品异化为金融产品增加金融风险，为数字藏品的发展提供了一定指引。

表 0-2　Web 3.0 的基本监管框架	
监管方向	相关文件
虚拟货币	《关于防范比特币风险的通知》 《关于防范代币发行融资风险的公告》 《关于进一步防范和处置虚拟货币交易炒作风险的通知》 《关于整治虚拟货币"挖矿"活动的通知》

监管方向	相关文件
区块链技术	《区块链信息服务管理规定》
算法应用	《互联网信息服务算法推荐管理规定》
个人信息保护	《中华人民共和国个人信息保护法》
数据安全	《中华人民共和国数据安全法》
网络安全	《中华人民共和国网络安全法》
平台治理	《关于促进平台经济规范健康发展的指导意见》 《关于推动平台经济规范健康持续发展的若干意见》 《关于平台经济领域的反垄断指南》
元宇宙	《关于防范以"元宇宙"名义进行非法集资的风险提示》
数字藏品	《关于防范 NFT 相关金融风险的倡议》

综合以上监管框架与监管逻辑，围绕 Web 3.0 的发展，我们仍然需要重点关注以下两个问题：

1. 虚拟货币与数字金融

Web 3.0 的本质在于实现链上价值流转，一方面是指用户拥有自主权的数字资产本身的价值流转，另一方面也涉及虚拟货币本身的定性。

2013 年，中国人民银行、工业和信息化部、原中国银监会、中国证监会、原中国保监会联合发布《关于防范比特币风险的通知》，禁止所有金融和支付机构开展任何与比特币有关的业务。

2017 年 9 月 4 日，中国人民银行、中央网信办、工业和信息化部、国家工商总局、原中国银监会、中国证监会、原中国保监会七个部门联合发布了《关于防范代币发行融资风险的公告》，禁止 ICO 和加密货币交易所，停止一切代币发行融资活动。

2021 年 5 月 21 日，国务院金融稳定发展委员会召开了第五十一次会议，坚决打击比特币"挖矿"和交易行为。

2021 年 9 月 15 日，中国人民银行、中央网信办、最高人民法院、最高人民检察院、工业和信息化部、公安部、市场监管总局、银保监会、证监会、外汇局十部门联合发布了《关于进一步防范和处置虚拟货币交易炒作风险的通知》，明确指出虚拟货币相关业务活动属于非法金融活动。同月，国家发展改革委、中央宣传部、中央网信办、工业和信息化部、公安部、财政部、中国人民银行、国家税务总局、国家市场监督管理总局、中国银行保险监督管理委员会、国家能源局十一部门发布了《关于整治虚拟货币"挖矿"活动的通知》开始全面清退中国境内的虚拟货币"挖矿"活动。

2022 年 2 月 18 日，中国银行保险监督管理委员会发布了《关于防范以"元宇宙"名义进行非法集资的风险提示》，提示以"元宇宙"为名义的投资项目、区块链游戏、元宇宙房地产以及虚拟币等活动涉嫌违法犯罪活动的法律风险。

2022 年 4 月 13 日，中国互联网金融协会、中国银行业协会、中国证券业协会共同发布了《关于防范 NFT 相关金融风险的倡议》（以下简称《倡议》），明确 NFT 不得"金融化""证券化"，强调 NFT 的非代币属性。尽管《倡议》并非部门规章，但对于 NFT 行业在"丰富数字经济模式""促进文创产业发展"等方面的合规发展依然给予了肯定，在传递对此类前沿业态严格监管的同时也透露出监管层面对基于区块链技术创新应用的价值肯定。

因此，就上述监管趋势来看，中国境内实际上已经禁止从事与虚拟货币相关的业务活动。而对于数字藏品等在非同质化通证基础上的尝试和创新，需要从"去金融化"的角度真正体现技术与文化的价值，避免概念炒作异化商业创新。参考数字藏品的监管趋势，对于 Web 3.0 的其他应用场景也存在从严监管的趋势。而如何实现链上价值的合规流转也需要参与方予以重点关注。关于 Web 3.0 时代的探索也应当在监管框架内进行。

当然我们也注意到，作为 Web 3.0 应用场景中目前热度最高的 NFT，国内政策和市场环境呈现出和海外市场截然不同的探索模式。上述监管趋势在国内资本对 Web 3.0 产业的投资布局现状上得到了直观的体现，尽管诸多国内投资人紧密关注 Web 3.0 的发展动向，但投资动作远不如海外投资市场那样踊跃。

由于国内市场对 Token 流动性的限制，资本或头部企业对 Web 3.0 的布局更多倾向于非本土项目。

2. 个人信息保护与数据安全

个人信息保护与数据安全已经成为当下的重要议题之一。一方面，个人信息和数据已经成为世界范围内重要的基础性生产要素及战略性资源；另一方面，由个人信息泄露、数据流动引发的安全问题也不容忽视。个人信息违法处理行为层出不穷，企业数据泄露事件频发，国家主体围绕数据资源竞争激烈，数据跨境流动引发的对于国家安全的威胁也越发受到关注。而如何在更进一步突破平台形态、分布式的 Web 3.0 中平衡数据利用与安全，也需要随着技术发展和场景应用的变化而随时关注。

2021 年 8 月 20 日，十三届全国人大常委会第三十次会议表决通过了《中华人民共和国个人信息保护法》（以下简称"个保法"），并于 2021 年 11 月 11 日起施行，个保法第五章系统规定了个人信息处理者的基本法律义务，为企业在个人信息处理过程中提供了更加清晰的、确定的义务要求，个人信息包括采取必要的个人信息保护措施、指定个人信息保护负责人、个人信息保护影响评估等。具体义务见图 0-5。

个人信息处理者的义务

采取个人信息保护安全措施

（一）制定内部管理制度和操作规程；
（二）对个人信息实行分类管理；
（三）采取相应的加密、去标识化等安全技术措施；
（四）合理确定个人信息处理的操作权限，并定期对从业人员进行安全教育和培训；
（五）制定并组织实施个人信息安全事件应急预案；
（六）法律、行政法规规定的其他措施。

合规审计

个人信息处理者应当定期对其个人信息处理活动遵守法律、行政法规的情况进行合规审计。

补救措施+通知

个人信息处理者发现个人信息泄露的，应当立即采取补救措施，并通知履行个人信息保护职责的部门和个人。

指定个人信息保护负责人

处理个人信息达到国家网信部门规定数量的个人信息处理者应当指定个人信息保护负责人。
个人信息处理者应当公开个人信息保护负责人的联系方式，并将个人信息保护负责人的姓名、联系方式等报送履行个人信息保护职责的部门。

个人信息保护影响评估

（一）处理敏感个人信息；
（二）利用个人信息进行自动化决策；
（三）委托处理个人信息、向他人提供个人信息、公开个人信息；
（四）向境外提供个人信息；
（五）其他对个人有重大影响的个人信息处理活动。

图 0-5　个人信息处理者的基本义务

2021 年 6 月 10 日，十三届全国人大常委会第二十九次会议表决通过了《中华人民共和国数据安全法》（以下简称"数安法"）并于 2021 年 9 月 1 日起施行，数安法第四章明确规定了数据处理者在开展数据处理活动时应遵守的数据安全保护义务。数据处理者的安全保护义务包括落实网络安全等级保护制度、建立数据安全管理制度，具体内容见图 0-6。

数据安全保护义务	网络安全等级保护制度 建立健全全流程数据安全管理制度 组织开展数据安全教育培训 采取措施保证数据安全 数据安全事件发生时，采取补救措施+报告 配合执法机关数据调取
重要数据安全保护义务	明确数据安全负责人和管理机构 定期开展风险评估+定期报送风险评估报告 出境的特殊规则

图 0-6 数据处理者的基本义务

总体来看，国内 Web 3.0 市场尚处于发展初期，技术应用及业态都不成熟，在这种情况下，Web 3.0 在技术、内容、应用等方面隐藏着诸多风险。超前、无序的市场扩张和滞后的规则体系建立之间存在的矛盾，概念的超前与技术的相对落后形成的鲜明对比等都是国内 Web 3.0 亟须解决的问题。

（1）概念炒作、过度夸大。市场及资本积极布局 Web 3.0 的同时，以"元宇宙"名义进行非法活动屡见不鲜，"万物皆可元宇宙"带偏了 Web 3.0 的发展方向。

（2）技术支撑有待提升。我国虽处于 5G 技术领先地位，但 Web 3.0 应用落地需要各种技术的统合性支持，包括 5G、大数据、边缘计算等，技术投入成本巨大。

（3）个人信息保护与数据安全风险加剧。一方面，数字孪生场景的信息交互对个人信息和数据的保护提出了新的挑战；另一方面，去中心化的特性本身也会引发新的关于个人信息和数据"拥有"与"利用"的全新讨论。如何实现保护、利用、安全的平衡也需要进一步思考。

（三）如何实现 Web 3.0 在我国的合规发展

（1）加强技术支撑：Web 3.0 是用户与建设者共建共享的新型经济系统，同时 Web 3.0 也将重构互联网经济的组织形式和商业模式。这些都需要多种先进技术的支撑，虚拟现实技术、5G、边缘计算、云计算、AI、图像渲染以及芯片技术须不断完善。

（2）分布式基础设施的建设：由于目前很多技术要素与基础设施不完善，开发工具、技术标准、商业模式、分布式身份管理等均处于初级阶段。建设权属清晰、职责明确、安全可控、高效利用的新型数据基础设施是非常必要的。

（3）推动监管规则的建立：不断改进完善监管重点、规则和制度安排，实现创新与安全的平衡。探索构建以用户为切入点、以智能合约为重点的新型监管框架，加强反洗钱和反恐怖融资。维护国家数字主权，避免分布式网络成为暗网、非法交易网络、洗钱的"避风港"。

（4）建立通用技术标准：Web 3.0 需要建立类似 TCP/IP、HTTP、SMTP、TLS/SSL 的通用标准，避免各分布式网络成为新的孤岛。政府应为标准制定提供支持，在行业、国家、国际标准制定中发挥积极作用。

（5）建立明确的税收规则：密切关注数字税国际改革进展，积极参与国际税收规则制定，结合我国数字经济发展实际情况建立规范、公平、科学、合理的数字税收制度。

一个创新的互联网时代，想象总是美好的，而现实与想象一定会存在差距。今后 Web 3.0 将何去何从，还没有人能够给出明确、清晰的判断，但现实与虚拟越来越频繁地交互和融合是真实存在的，如何及时厘清思路、辨明方向、有序竞争、创新发展，需要业界、学界、监管部门集思广益，共同推进，Web 3.0 才有望发展成为安全可信的价值互联网。

Surfing Web 3.0

with
Metaverse Compliance Guideline

第一篇 | 主体篇

第一章

元宇宙合规之数字人的身份映射挑战

随着大数据、云计算、物联网、人工智能、区块链等一系列新技术浪潮的袭来,"元宇宙"这一诞生于 1992 年的科幻技术名词逐步进入人们的视野。有"元宇宙第一股"之称的 Roblox 首席执行官 Baszucki 提出:"元宇宙的八大特点包括身份、社交、沉浸式、低延迟、多元化、随地性、经济、文明。"[1] 在未来的元宇宙时代下,现实世界的人或许可以通过智能穿戴设备等方式,以"数字人"的身份进入虚拟空间生产、生活,虚拟世界和现实世界可能会密切融合。目前,"数字人"的相关产业已经初具规模,随着新技术的发展,其应用边际将不断延伸,与此同时,也将在监管和发展问题上面临全新的法律挑战。从监管角度看,最大的难题在于如何实现链上身份与链下身份的穿透映射,否则将陷入无从追责的窘境;从发展角度看,重要的议题则是如何规范技术和应用以谋求合规运营。本章将从数字人的发展现状出发,分别从技术和法律层面展开对身份映射与合规方向的探讨。

一、元宇宙中的数字人

大众普遍认为,元宇宙中数字人将有两种不同形态:第一种是自然人在虚拟空间中的"数字分身",就像电影《头号玩家》中,自然人依托智能穿戴设

---

[1] Roblox:"元宇宙第一股"什么来头? [EB/OL]. [2022-06-13]. https://baijiahao. baidu. com/s? id=1735510953120131784&wfr=spider&for=pc.

017

备以"另一个自己"在虚拟空间中进行各种活动，这种数字人与自然人之间存在着身份同一的关联；第二种是技术公司在虚拟空间中根据算法、渲染等技术合成出的全新的"数字人"，如创壹视频在抖音平台上直接创设的虚拟人——美妆主播柳夜熙[①]，属于纯粹的 AI 产物，与自然人之间不存在身份同一的关联。据中银证券对虚拟数字人的应用场景市场规模预期[②]，至 2030 年，整个虚拟数字人市场规模将达到 2703 亿元。或许电影《头号玩家》中所描绘的自然人通过数字分身参与虚拟世界的社交、娱乐和商业交易这一场景成为现实不会太遥远。

（一）数字人的内在特征

数字人也称虚拟形象，是指通过使用如图形渲染、动作捕捉、人工智能、深度学习、语音合成等计算机手段，在非物理世界中创造出具有数字化外观的虚拟人物，具有多种人类特征，如外貌特征、人类表演能力、人类交互能力等[③]。数字人的内涵框架见表 1-1。

表 1-1 数字人内涵框架		
核心内容	特点	内涵特征
虚拟	根据呈现场景的不同要求难度不同	1. 目前以图片、视频、实时直播、实时动画等方式进行展示，常见途径如 App、小程序、软硬一体显示设备 2. VR 设备与全息投影将成为未来发展趋势
数字	技术的成熟度直接影响行业发展情况	1. CG、语音识别、图像识别、真人动态动作捕捉等相关技术相对成熟 2. 多模态技术与深度学习成为未来技术发展核心点

---

① "虚拟数字人"凭"实力"出圈　如何走稳走好？［N/OL］．央广网，［2022-06-21］．https://baijiahao.baidu.com/s?id=17362378776982609448wfr=spider&for=pc.
② 资料来源：《虚拟人行业深度研究：乘元宇宙之风，虚拟人产业发展加速》，中银证券。
③ 资料来源：《2021 年虚拟数字人行业概览系列报告（二）：虚拟数字人市场需求与发展前景》，头豹研究院；《元宇宙系列深度报告之二：数字虚拟人——科技人文的交点，赋能产业的起点》，国海证券。

核心内容	特点	内涵特征
人	外表和交互水平成为发展核心	1. 外表：面部长相和整体形象会受到数字虚拟人类别（如真人形象、高保真建模、风格化）、制作细节（汗毛等细节建模）、渲染水平、设计审美等的影响 2. 行为：面部表情、形体表达、语音表述等会受到驱动方式（真人驱动、计算驱动、预制调节等）、驱动模型类别（精细肌肉驱动等）、训练数据、驱动模型精度等的影响 3. 交互：数字虚拟人与现实世界的交互水平会受到语音识别能力、自然语言理解及处理水平、知识图谱、预先设置知识库等的影响

（二）数字人的分类现状

随着人工智能、虚拟现实等数字人所涉及的底层技术手段的不断发展，数字人已经拓展出多种用途及种类。除前文所述分为自然人在链上的"数字分身"、由计算机技术生成的虚拟人以外，根据不同的划分标准，数字人可进一步分为七种不同的类型[①]：第一种是根据行业应用进行划分，可分为身份型和服务型两种类型。身份型虚拟人强调其身份性，根据是否对应特定自然人，可进一步分为两类：一类是线下特定自然人在虚拟世界的"分身"，如中国移动咪咕通过自研技术为谷爱凌打造的数智分身——"Meet GU"[②]；另一类则不对应现实世界中的特定自然人，如"初音未来""洛天依"等虚拟偶像。服务型虚拟人强调其功能性，旨在通过技术手段构建既有真实感又有关怀感，能够达到替代真人服务为目的的虚拟人，如搜狗与新华社联合发布的智能主持人、虚拟教师、虚拟 AI 助手等。第二种是根据技术划分，分为算法驱动型及真人驱动型。其中，算法驱动型指通过 AI 实时计算或"捏脸"技术创造的虚拟人；而真人驱动型指对自然人动作捕捉后通过算法获得的虚拟人。第三种为根据商

---

① 资料来源：《虚拟人行业研究报告——众里寻他千百度，那"人"正在"云"深处》，洞见研报。

② 谷爱凌夺冠！数智分身"Meet Gu"见证冬奥会历史［EB/OL］.［2022-04-12］. https://www.163.com/dy/article/H4OCS3I10552XGK1.html.

业模式划分，分为 IP 类和非 IP 类。其中，IP 类为如前文所述柳夜熙、Imma 等 KOL 型、歌舞型、品牌型等具有一定 IP 的虚拟人；而非 IP 类则是指为达到学术研究目的、实现特定功能如人物陪伴等创作的虚拟人。第四种是按照结构组成划分，分为数字型和全息型，依据用户观看虚拟人的途径是线上观看还是现场裸眼观看而区分。第五种是按照角色人设划分，这里可分为完美偶像型、前沿实验型、真实生活型、智能助手型、行业专家型等。第六种是按照设计风格进行划分，可分为二次元动漫化、类人渲染以及超写实等。第七种是根据视觉维度进行划分，这里可分为 2D 型和 3D 型两类。本章所探讨的数字人，是指链下自然人通过多技术手段，依靠技术设备呈现，具有人的外观、动作和语音等特征，以数字形式在虚拟世界"分身"而成的虚拟形象。

（三）链上身份与链下身份穿透映射的必要性

正如前文所述，链下自然人参与元宇宙的主要途径在于通过多技术手段以"数字分身"形式畅游元宇宙虚拟世界。元宇宙同其他新兴技术一样，在充满机遇的同时也对人性的黑暗敞开了大门[①]，正因如此，对元宇宙的监管重点在于通过对链下的实际行为人进行惩戒和追责，进而达到治理元宇宙中可能存在的侵权、侵害甚至犯罪行为的目的。在当前的 Web 2.0 时代，已存在将侵害虚拟人格转化为对其背后自然人在现实中合法权利之侵害的司法观点，在"杨夏青与北京百度网讯科技有限公司名誉权纠纷案"中，法院认定："网络用户采用注册虚拟网名的方式，以虚拟人格依法参与网络空间活动，可以为现实中的网络用户本人带来精神层面的愉悦感，有时也可以为其创造实实在在的物质财富，因此，在网络空间对网络用户虚拟人格的侵害亦能转化为对网络用户本人在现实中人身权利、财产权利等合法权益的侵害"。在元宇宙时代，此类司法观点或许可以延伸适用：在数字人相关产业技术的加持下，链下自然人通过

---

① 全球数治 | 元宇宙的黑暗大门已开，监管部门如何设防 [EB/OL]. 澎湃新闻，[2022-05-16]. https://baijiahao.baidu.com/s?id=1732969561634689792&wfr=spider&for=pc.

"数字分身"依法依规参与到虚拟世界的活动中，会比现今技术更大程度地为线下自然人带来获得感、体验感、愉悦感，对于数字人的侵害极有可能对线下自然人造成严重的实际影响和侵害，此时则需要穿透"数字分身"，通过链上身份与链下身份的映射，实现监管部门履行监管职责以及被侵权方向侵权人主张相应法律责任的目的。

二、技术层面实现链上身份与链下身份穿透映射的探讨

（一）数字人的创设技术

数字人的发展历史，亦是 CG、动作捕捉、人工智能合成等技术的发展史和变迁史。20 世纪 80 年代，数字人开始步入现实世界，受限于技术，当时的数字人制作以手绘为主。21 世纪初，随着 CG、动作捕捉等技术的逐步发展，数字人相关技术开始在影视领域逐渐普及，2007 年"初音未来"的诞生标志着虚拟偶像行业被广泛认可并接受。近年来，随着深度学习算法的不断突破，数字人日渐朝智能化、精细化、多样化发展。在数字人的整个产业链中，生成主要分为建模、驱动、渲染三大环节，其中数字人的建模生成奠定了未来的使用基础，是最为核心且困难的环节。目前数字人的建模生成主要分为三种，按照人工参与程度的高低，依次为纯人工建模、借助采集设备进行建模、以人工智能进行建模；同时涉及相关的软硬件，包括建模软件、驱动软件、渲染引擎、拍摄采集设备、光学器件、显示设备等[①]。随着 AI 和深度学习算法的出现，数字人的制作环节被大大简化，在《2020 年虚拟数字人发展白皮书》中，在数字人通用系统框架的基础上提炼出了"五横两纵"的技术架构。[②]"五横"是指用于数字人制作、交互的五大技术模块，即人物生成、人物表达、合成显

---

① 资料来源：《数字人的长短期展望：IP 与赋能》，安信证券。
② 中国智能产业发展联盟总体组和中关村数智智能产业联盟数字作委员会：2020 年虚拟数字人发展白皮书 [R/OL] . [2020 - 12 - 09] . http: //aiiarorg. cn/uploadfile/2020/1209/20201209022 415828. pbd.

示、识别感知以及分析决策模块。其中，人物表达包括语音生成和动画生成，动画生成则包含驱动（动作生成）和渲染两大部分。"两纵"是指 2D、3D 数字人，3D 数字人需要额外使用三维建模技术生成数字形象，信息维度增加，所需的计算量更大。

（二）何谓数字人与自然人的身份映射

"身份映射"一词源于计算机技术领域，是指将一个领域的身份联合到另一个领域的等效身份，对于元宇宙中链上身份与链下身份的映射可参考"同一认定"理论。"同一认定"的概念源自犯罪侦查领域，原指具有专门知识的人或了解客体特征的人，通过检验、比较客体特征而对案件中的人或物是否同一所做出的判断。根据客体的不同，同一认定可以分为人身同一认定、物体同一认定。延伸至元宇宙之中，即指对线下自然人与线上数字人是否具有身份同一性进行认定，该认定又称为"个体识别""人身识别""身份识别"[①]。借鉴"同一认定"原理进行身份映射，能够解决判断链上客体与链下客体是否一致的问题，这里的"同一"是指线上数字人的动作、行为、指令均由线下自然人发出，线下自然人可以操纵线上数字人，同时虚拟世界中对数字人的毁誉褒贬、权益侵害能够直接影响对应的自然人。

（三）技术层面实现身份映射的参考路径

实现数字人与自然人的同一认定，可主要从以下三个方面层层递进、共同判断：一是直接指向类证据，如数字人所属账户是否为线下自然人实名注册、是否通过身份验证等；二是间接指向类证据，例如，通过登录所用电子设备的 IP 地址、Mac 地址以及自然人所处空间进行结合认定；三是行为痕迹类特征，如根据数字人的外貌、性别、年龄、职业、地域、姿态、习惯等因素结合线下自然人的该类特征，不断缩小范围直至具体到一人。结合数字人的技术应用情

---

① 何家弘，谢君泽. 网络犯罪主体的同一认定 [J]. 人民检察，2020（19）：5-12.

况，可尝试从以下三点进行探索：

1. 智能穿戴设备作为媒介的同一认定

元宇宙时代，智能穿戴设备将成为连接自然人与元宇宙的桥梁，此时可以参考 Web 2.0 时代的以电子设备为中介进行线上线下的同一认定，即通过对线下自然人所使用的穿戴式设备的硬件系统如计算终端、网络设备、存储介质等进行认证、访问、收集，以及对线下自然人所使用的操作系统等软件系统的特征信息进行认定线下自然人（行为人）的方法，分为外观信息认定法、系统信息认定法和地址信息认定法。[①] 以智能穿戴设备作为媒介的同一认定，有利于对已知自然人与线上数字人进行身份穿透，能够直观地解决线上数字人权益受到侵犯需要确定线下自然人，由自然人代数字人行使权益这一问题，因为智能穿戴设备作为一种媒介，既可以通过其实体认定为线下社会的一部分，又因其能够使线下自然人进入虚拟空间，被认为是网络信息环境的组成部分。但针对数字人的权益遭到侵犯、数字资产受到贬损的情况，对侵权行为"人"使用这一认定方式就显得力不从心，其主要原因在于：该方法必须依赖于对行为人智能穿戴设备电子设备的审查，而一般而言侵权行为"人"的线下自然人极有可能并不在一个国家，此时由于所锚定电子设备、电子数据的缺位，造成该方法无法运用。正因如此，该方法的适用范围受到极大限制。

2. 数据信息作为媒介的同一认定[②]

将数字信息作为媒介进行线上线下的同一认定能够突破对线下智能穿戴设备作为媒介的依赖，对于锁定虚拟数字侵权行为人、对数字行为人与线下自然人的同一认定大有裨益。具体说来，所谓通过数据信息作为媒介进行同一认定的行为，在于实现分析虚拟数字行为人在元宇宙中生成的各种代码指令、调用的相关应用程序等各类点数据信息的目的。该认定方式不仅可以采集智能穿戴设备、计算设备上生成的电子数据，同时也可以依靠平台服务器、被侵权人的

① 刘品新．电子证据法［M］．北京：中国人民大学出版社，2021.
② 何家弘，谢君泽．网络犯罪主体的同一认定［J］．人民检察，2020（19）：5-12.

智能穿戴设备、计算设备上的数据进行分析。依托虚拟空间服务进行虚拟空间数据搜索和专库搜索，进行数据挖掘和分析，收集一切合法情况下可收集的数据，运用特定的数学模型和分析方法对海量数据进行计算，继而进行如数据碰撞、数据挖掘、数据画像、热点分析、犯罪网络分析等数据综合处理分析，处理后得出行为人信息，完成线上线下身份同一性认定。

3. 行为痕迹作为媒介的同一认定

以行为痕迹为媒介的同一认定，其实可理解为犯罪痕迹学在虚拟社会与现实社会中的融合，是通过对虚拟空间行为以及现实空间行为的综合评判以达到对虚拟数字行为人与线下自然人的同一认定。所进行认定的行为痕迹既可以来自行为人本身，又可以来自其所用的电子设备，也可以来自元宇宙平台方。例如，鉴于元宇宙中虚拟数字行为人属于线下自然人的"分身"，因此步态信息作为传统犯罪侦查学的关键特征信息，在元宇宙中仍然可以发挥通过其特定性和唯一性锁定用户的作用；虚拟数字行为人的账户在连续时间内由同一 IP 地址登录，亦可认为是行为痕迹在时间与空间上的交叉关联。因此，在元宇宙时代，要突破电子痕迹与传统痕迹的藩篱，重视虚拟空间的电子痕迹以及物理空间的传统证据，将两大空间的证据进行信息抽象、综合利用，研判、分析虚拟空间的电子痕迹与传统证据蕴含的特征信息，进行有效的线上线下的同一认定。

三、数字人平台层面的合规发展启示

（一）我国关于数字人相关产业的监管现状

数字人融合了人工智能、深度合成、虚拟现实等新技术，覆盖了基础软硬件层、平台层、应用层等数字产业链，其所触及的行业场景众多，相应地涉及的法律领域也较为广泛。目前，我国在法律法规层面尚未针对数字人建立监管体系，在创设运营、发展模式、商业应用等方面的监管要求亦有待明确，但随着数字人产业生态的发展，中央及各地方政府相继出台相关政策促进创新发展，本章梳理了 2020~2022 年国家层面的主要文件，具体如表 1-2 所示。

时间	文件	相关内容
2022 年 3 月	《2022 年政府工作报告》	促进数字经济发展。加强数字中国建设整体布局。建设数字信息基础设施，逐步构建全国一体化大数据中心体系，推进 5G 规模化应用，促进产业数字化转型，发展智慧城市、数字乡村。加快发展工业互联网，培育壮大集成电路、人工智能等数字产业，提升关键软硬件技术创新和供给能力
2022 年 1 月	《"十四五"数字经济发展规划》	创新发展"云生活"服务，深化人工智能、虚拟现实、8K 高清视频等技术的融合，拓展社交、购物、娱乐、展览等领域的应用，促进生活消费品质升级。支持实体消费场所建设数字化消费新场景，推广智慧导览、智能导流、虚实交互体验、非接触式服务等应用，提升场景消费体验
2021 年 11 月	《"十四五"信息通信行业发展规划》	加强人工智能、区块链、数字孪生、虚拟现实等新技术与传统行业深度融合发展
2021 年 10 月	《广播电视和网络视听"十四五"科技发展规划》	对利用人工智能、数字视觉、虚拟现实等技术展示的虚拟形象从事互联网直播营销信息内容服务的，应当以显著方式予以标识，并确保信息内容安全
2021 年 3 月	《中华人民共和国国民经济和社会发展第十四个五年规划和二〇三五年远景目标纲要》	推动三维图形生成、生态环境建模、实时动作捕捉、快速渲染处理等技术创新，发展虚拟现实整机、感知交互、内容采集制作等设备和开发工具软件、行业解决方案
2020 年 11 月	《国务院办公厅关于推进对外贸易创新发展的实施意见》	充分运用第五代移动通信（5G）、虚拟现实（VR）、增强现实（AR）、大数据等现代信息技术，支持企业利用线上展会、电商平台等渠道开展线上推介、在线洽谈和线上签约等。推进展会模式创新，探索线上线下同步互动、有机融合的办展新模式

表 1-2　2020~2022 年国家层面出台的相关政策

除宏观政策的支持和引导之外，我国互联网等相关行业的监管部门也在逐步规范技术层面的合规监管，对于数字人平台层面的运营主体而言，需要重点关注的规范性文件如表 1-3 所示。

表 1-3　数字人平台需重点关注的规范性文件		
时间	文件	重点概要
2022 年 1 月	《互联网信息服务深度合成管理规定（征求意见稿）》	明确了深度合成服务提供者主体责任、深度合成信息内容标识管理制度以及监督管理的相关要求
2022 年 1 月	《互联网信息服务算法推荐管理规定》	明确了算法治理监督管理机制、算法推荐服务提供者主体责任，以及算法推荐服务相关保护法律的相关要求
2019 年 12 月	《网络信息内容生态治理规定》	明确了网络信息内容生产者、网络信息内容服务平台、网络信息内容服务使用者的法律责任
2019 年 11 月	《网络音视频信息服务管理规定》	明确了网络音视频信息服务提供者及其技术支持的主体的信息内容安全管理责任，规范网络音视频信息服务提供者关于利用深度学习、虚拟现实等新技术新应用的管理要求

（二）司法实践的探索

在司法实践方面，已有关于数字人相关技术侵权问题的法院判例出现。2022 年 4 月，最高人民法院发布民法典颁布后人格权司法保护典型民事案例，其中第四个案例"AI 陪伴"软件侵害人格权案涉及人工智能软件擅自使用自然人形象创设虚拟人物构成侵权的问题。在该案中，北京互联网法院经审理认为："案涉软件中，用户使用原告的姓名、肖像创设虚拟人物，制作互动素材，将原告的姓名、肖像、人格特点等综合而成的整体形象投射到 AI 角色上，该 AI 角色形成了原告的虚拟形象，被告的行为属于对包含了原告肖像、姓名的整体人格形象的使用。同时，用户可以与该 AI 角色设定身份关系、设定任意相互称谓、通过制作素材'调教'角色，从而形成与原告真实互动的体验，被告对于案件的上述功能设置还涉及自然人的人格自由和人格尊严。虽然具体图文由用户上传，但被告的产品设计和对算法的应用实际上鼓励、组织了用户的上传行为，直接决定了软件核心功能的实现，被告不再只是中立的技术服务提供者，应作为内容服务提供者承担侵权责任。因此，被告未经同意使用原告姓名、肖像，设定涉及原告人格自由和人格尊严的系统功能，构成对原告姓名权、肖像权、一般人格权的侵害。遂判决被告向原告赔礼道歉、赔偿损失。"[①]

---

① 民法典颁布后人格权司法保护典型民事案例［EB/OL］.［2022-04-11］. https://www.court. gov. cn/zixun-xiangqing-354261. html.

该案是对虚拟现实新技术和算法应用评价标准的有益探索，在当前法律尚无明确规定的情况下，这起案例对后续的司法实践具有一定的典型示范意义。随着科技的发展，数字人承载自然人人格要素的延伸应用将会日益增多，作为数字人平台层面的运营主体，需要重视数字人与自然人在同一认定方面可能存在的合法权益侵害之风险。

（三）合规发展的建议

数字人及相关产业尚处于初期发展阶段，数字人平台层面的运营主体如何合规发展是一个需要持续探索的问题，笔者基于目前的监管框架，结合现下数字人产业链的实际情况，浅析合规要点如下：

1. 资质合规

数字人的创设涉及人工智能、交互技术、渲染技术、语音识别、区块链等技术，数字人平台层面的运营主体应当根据其平台性质及业务范围获取相应的资质或办理登记、备案手续，通常可能涉及的主要资质和许可义务如下：

（1）办理互联网信息服务算法备案并公示信息链接。

依据《互联网信息服务算法推荐管理规定》相关规定，具有舆论属性或者社会动员能力的算法推荐服务提供者应当在提供服务之日起十个工作日内通过互联网信息服务算法备案系统填报服务提供者的名称、服务形式、应用领域、算法类型、算法自评估报告、拟公示内容等信息，履行备案手续。完成备案的算法推荐服务提供者应当在其对外提供服务的网站、应用程序等的显著位置标明其备案编号并提供公示信息链接。

（2）进行区块链安全评估并办理区块链信息服务备案。

依据《区块链信息服务管理规定》第九条、第十一条等相关规定，区块链信息服务提供者开发上线新产品、新应用、新功能的，应当按照有关规定报国家和省（自治区、直辖市）互联网信息办公室进行安全评估。区块链信息服务提供者应当在提供服务之日起十个工作日内通过国家互联网信息办公室区块链信息服务备案管理系统填报服务提供者的名称、服务类别、服务形式、应用领域、服务器地址等信息，履行备案手续。

（3）获取互联网信息服务增值电信业务经营许可证并办理登记手续。

依据《互联网信息服务管理办法》第七条等相关规定，从事经营性互联网信息服务，应当向省、自治区、直辖市电信管理机构或者国务院信息产业主管部门申请办理互联网信息服务增值电信业务经营许可证（以下简称"经营许可证"）。申请人取得经营许可证后，应当持经营许可证向企业登记机关办理登记手续。

（4）获取信息网络传播视听节目许可证或履行备案手续。

依据《互联网视听节目服务管理规定》第七条等相关规定，从事互联网视听节目服务，应当依照本规定取得广播电影电视主管部门颁发的"信息网络传播视听节目许可证"或履行备案手续。

（5）获取网络文化经营许可证。

依据《互联网文化管理暂行规定》第八条等相关规定，申请从事经营性互联网文化活动，应当向所在地省、自治区、直辖市人民政府文化行政部门提出申请，由其审核批准。

（6）办理网络安全等级保护备案。

依据《中华人民共和国网络安全法》第二十一条等相关规定，网络运营者应当按照网络安全等级保护制度的要求，履行网络安全保护义务，保障网络免受干扰、破坏或者未经授权的访问，防止网络数据泄露或者被窃取、篡改。

2. 技术合规

中国信息通信研究院（以下简称"中国信通院"）云计算与大数据研究所牵头制定的关于数字人的两项国际标准——ITU-T F.748.15 "Framework and metrics for digital human application system"（数字人应用系统基础框架和评测指标）和 ITU-T F.748.14 "Requirements and evaluation methods of non-interactive 2D real-person digital human application system"（非交互式 2D 真人形象类数字人应

用系统指标要求和评估方法）已于 2022 年 7 月发布。可以预见，这两项国际标准对我国未来数字人的国家标准制定具有较强的指导意义，亦对数字人平台层面的运营主体在数字人的应用系统研发及技术评估方面具有较高的参考价值。[①]

3. 运营合规

《互联网信息服务深度合成管理规定（征求意见稿）》对以深度学习、虚拟现实为代表的生成合成类算法制作文本、图像、音频、视频、虚拟场景等信息的技术的提供者和使用者提出了较为明确的监管要求，对数字人平台层面运营主体的合规运营具有一定的指引作用。结合该规定的相关内容，从事前预防、事中管理、事后处理三个维度梳理出合规要点，具体如图 1-1 所示。

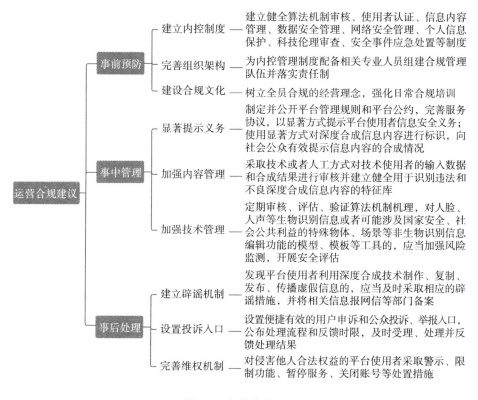

图 1-1　运营合规建议

① 中国信通院牵头的两项数字人国际标准发布在即 [EB/OL]. [2022-02-15]. http://www.cww.net.cn/article? id=08EF9B4D64CC47D9888AB628BD6A44D1.

四、结语

2022 年 8 月，北京市经济和信息化局印发了《北京市促进数字人产业创新发展行动计划（2022—2025 年）》，可以预见，以数字人为代表的 Web 3.0 相关产业将在文旅、金融、政务等领域全面开花。随着数字技术的进步和应用场景的创新，数字人行业的监管体系也将面临更为复杂的法律挑战，我们期待，未来能够在法律、社会规范、市场和算法等多路径的结合上，探索出更为广阔的多元规制方向。

第二章

Web 3.0 与平台治理

——传统互联网平台在 Web 3.0 时代的发展

2022 年 5 月，全国政协召开了"推动数字经济持续健康发展"专题协商会，提出支持平台经济等持续健康发展。在数字经济的时代背景下，大力发展平台经济是我国的战略选择，随之也面临着平台治理监管与平台责任规制等挑战。同时，随着区块链等新技术的发展，目前互联网正处在由 Web 2.0 向 Web 3.0 演进的重要时点，在 Web 3.0 的语境下，如何合规地经营平台和发展生态等问题也值得深入探讨。

一、 Web 3.0 语境下的平台生态

（一） Web 3.0 与平台发展

在 Web 1.0 时代下，平台作为内容创造者，用户是内容的消费者，仅限于被动地浏览而无法参与创作，典型的平台包括 Netscape、Google、Yahoo 等浏览器和搜索引擎；Web 2.0 时代下，用户能够在平台上上传自己的文本、图片和视频等内容，平台则为信息和数据的掌控者，典型的平台包括 Facebook、YouTube 等交互式应用；Web 3.0 时代下，依托于区块链技术，用户能够拥有及支配所创造的内容、收益和身份，平台则演变为帮助用户实现其创作内容价值的助力者。目前已发展出初期形态的 Web 3.0 应用，典型的平台包括 NFT 交易平台 OpenSea 和 MetaMask 钱包。以 MetaMask 钱包为例，MetaMask 钱包是与以

太坊区块链进行交互的软件加密货币钱包，可以通过 Chrome 等 PC 浏览器插件的 Web 形式和手机 App 形式访问，其作为用户身份的载体，用户可以通过 MetaMask 登录 Web 3.0 上的各个应用；此外，MetaMask 也集成了 Swap（代币互换）聚合功能，用户可以在支付手续费后直接通过其调用 DEX 协议完成代币兑换。

（二） Web 3.0 平台生态类型

目前 Web 3.0 生态已经初显雏形，国外市面上 Web 3.0 平台产品主要涉及存储、钱包、游戏、音乐、社交、NFT 交易等类型，国内则主要包括数字藏品、游戏、虚拟数字人、社交以及联盟链等（见图 2-1）。

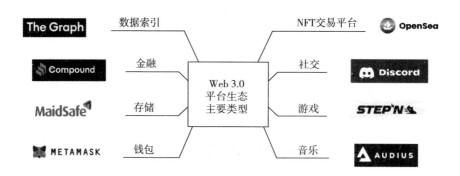

图 2-1　Web 3.0 平台生态的主要类型与代表平台

（三）"用户自主"与"平台治理"

不同于 Web 1.0 的"只读数据"和 Web 2.0 的"只读+写入数据"，建立在区块链技术基础上的 Web 3.0 不仅"可读""可写"，还可以"拥有"。区块链相当于一种分布式记账本，这些数字文件的创作和交易信息都被记录在区块链上，意味着记载方式不只是将账本数据存储在每一个节点，而且每一个节点都会同步、共享、实现数据的复制，保证了作品和所有权不被篡改。换言之，信息将不再存储在固定的地点或单个服务器，而是存储在多个同时运行的去中心化地点。有创新者认为这有可能打破当前Facebook、谷歌等互联网巨头建立的数据库，Web 3.0的用户在账号、数据、资产等方面可能拥有更大的自主权。用户与平台间是相互独立的存在，在注册或登录网站时，不需要填写身份信息并同意隐私协议，而是通过去中心化的网络直接创建账户，拥有维护互联网的代币协议。理想状态下用户只需要使用自己的数字钱包和密钥就可以登录任何一家网站，来自形形色色的强力计算设备的数据将由用户自身通过去中心化数据网络进行出售，用户可以通过密钥来管理自身的资产，获取经济激励。

Web 3.0尚正处于初创阶段，完全去中心化只是一种被勾勒出来的理想状态，能否实现还未可知。目前，Web 3.0正在尽可能地打破中心化平台或机构的垄断，拿回用户个体对账号、数据、资产等的自主权，技术上能否建设出最大限度去中心化的架构、易于使用的应用和可扩展的基础设施、用户是否欣然运行自我托管的节点等问题都尚待时间检验。可以预见，在现在及将来很长一段时间里，用户在Web 3.0应用中的游戏、社交、娱乐、交易仍然需要依赖平台的治理功能保护个人隐私、维护平台秩序、保障交易安全。

二、平台治理的框架

（一）基本法律框架

在数字经济的浪潮下，平台治理已成为我国治理体系中必不可少的组成部分。从法律规范的层面来看，2021年被认为是"平台监管元年"，我国逐渐加强平台治理的广度和深度，重视对平台进行分类监管，密集出台针对平台治理的各项监管文件，坚持引导平台合规经营（见表2-1）。目前已经基本形成了"一般规则+重点规范"的监管思路，一方面根据平台形态的特点建立一般性的监管规则；另一方面从用户群体、业务场景等细分领域出发，实现差异性监管。

表 2-1 关于平台治理的监管框架		
监管领域	**监管文件**	**效力层级**
一般框架	《国务院办公厅关于促进平台经济规范健康发展的指导意见》	国务院文件
	《国务院反垄断委员会关于平台经济领域的反垄断指南》	部门规范性文件
	《经营者反垄断合规指南》	部门规范性文件
	《关于推动平台经济规范健康持续发展的若干意见》	部门规范性文件
	《中华人民共和国反垄断法（修正草案）》	征求意见稿
	《互联网平台分类分级指南（征求意见稿）》	征求意见稿
	《互联网平台落实主体责任指南（征求意见稿）》	征求意见稿
个人信息保护	《中华人民共和国个人信息保护法》	法律
电子商务	《中华人民共和国电子商务法》	法律
算法	《互联网信息服务算法推荐管理规定》	部门规章
直播营销	《网络直播营销管理办法（试行）》	部门规章
应用程序分发	《移动互联网应用程序信息服务管理规定》	部门规章
未成年人	《未成年人网络保护条例（征求意见稿）》	征求意见稿
金融	《银行保险机构消费者权益保护管理办法（征求意见稿）》	征求意见稿

结合现阶段的平台治理监管趋势来看，可以预见，未来针对 Web 3.0 平台的监管依然会延续统筹构建协同监管的格局，既有必要围绕区块链技术、智能合约、虚拟货币、平台竞争、数据安全、算法应用等共性要素建立通用性监管规则体系，也会根据平台和业务类型及典型问题进行分类及精准监管。

（二）实名认证

平台形态最显著的特点即在于连接双边市场，因此平台需要根据双边市场用户情况对于平台内用户进行有效管理，首先需要落实"实名制"要求。所谓"实名制"，即是在"前台自愿、后台实名"的情况下，对接受互联网服务的用户进行真实身份识别，实践中会涉及个人用户与非个人用户两种情形。

2012 年 12 月 28 日，第十一届全国人民代表大会常务委员会第三十次会议审议通过《全国人民代表大会常务委员会关于加强网络信息保护的决定》，明确规定网络服务提供者在向用户提供服务时，需要用户提供真实身份信息。2017 年 6 月 1 日正式施行的《中华人民共和国网络安全法》规定了网络运营者进行用户真实身份识别的义务，增加了适用网络服务范围，同时也明确禁止网络运营者向不提供真实身份信息的用户提供服务（见表2-2）。

法律文件	《全国人民代表大会常务委员会关于加强网络信息保护的决定》	《中华人民共和国网络安全法》
适用主体	网络服务提供者	网络运营者
适用范围	办理网站接入服务 办理固定电话、移动电话等入网手续 为用户提供信息发布服务	办理网络接入、域名注册服务 办理固定电话、移动电话等入网手续 为用户提供信息发布、即时通信等服务
法律责任	警告、罚款、没收违法所得、吊销许可证或者取消备案、关闭网站、禁止有关责任人员从事网络服务业务等处罚，记入社会信用档案并予以公布；构成违反治安管理行为的，依法给予治安管理处罚。构成犯罪的，依法追究刑事责任。侵害他人民事权益的，依法承担民事责任	未要求用户提供真实身份信息，或者对不提供真实身份信息的用户提供相关服务的，由有关主管部门责令改正；拒不改正或者情节严重的，处五万元以上五十万元以下罚款，并由有关主管部门责令暂停相关业务、停业整顿、关闭网站、吊销相关业务许可证或者吊销营业执照，对直接负责的主管人员和其他直接责任人员处一万元以上十万元以下罚款

表 2-2　需进行"实名制"的相关法律

法律层面仅就平台履行"实名制"义务作原则性规定，实践中平台关于落地"实名制"要求也提出了不同的解决方案。常见的实名认证方式包括：①二要素验证，包括姓名、身份证号码，一般通过公安机关等官方身份数据库进行校验；②三要素验证，包括姓名、身份证号码、手机号，通过与通信运营商数据库进行校验；③四要素验证，包括姓名、身份证号码、手机号、银行卡号，通过与银联数据库等进行校验；④生物信息验证，除上述信息外，为了在"实名"基础上更进一步实现"实人"认证，通过指纹、虹膜、面部识别信息等生物识别信息进行用户身份识别。

上述实名认证方式呈增强式递进，落地过程需要结合监管要求以及具体业务场景予以确定合适的方式。实名认证涉及网络安全义务履行与个人信息保护问题，因此平台在进行实名认证时，应当注意：

（1）实名认证应当以监管要求为限，一是实名认证应当基于明确的法律依据，仅在监管明确要求的情况下进行实名认证；二是实名认证所收集的个人信息应当以监管要求为限。例如，根据《移动互联网应用程序信息服务管理规定》的相关规定，提供信息发布、即时通信等服务的应用程序提供者应基于移动电话号码、身份证件号码或者统一社会信用代码进行用户真实身份信息认证；而金融领域因为反洗钱等监管要求，考虑到保证用户财产安全，对于用户进行实名认证也会有更高的要求。此外，根据《金融机构客户尽职调查和客户身份资料及交易记录保存管理办法》的相关规定，相关金融机构应当留存客户有效身份证件复印件或者影印件等；某些特定交易场景下也需要采集生物识别信息以进行操作验证。因此，是否需要进行实名认证，以及收集哪些信息用于实名认证都需要结合具体的业务场景及相关监管要求予以确定。

（2）实名认证所涉及的个人信息处理活动需要符合个人信息保护的相关要求。即使是基于监管要求收集个人信息用于实名认证，也应当满足合法正当、最小必要等个人信息保护基本原则，不得过度收集个人信息。同时，应当通过隐私政策告知与实名认证相关的个人信息处理活动，包括所涉及的个人信息类型、处理目的以及拒绝提供个人信息所可能受到的影响。应当仅基于实名认证的目的进行个人信息处理活动，如果因为其他目的需要对相关个人信息开展进一步的处理活动，则需要重新获得用户的同意。应当采取加密、去标识化等合理的措施保证用户实名认证的信息安全。

（3）实名认证通常需要第三方数据库校验实现，因此应当重点注意此过程中涉及与第三方共享个人信息的合规性问题。双方应当对于数据接口、校验方式、数据存储、数据使用、数据安全、获取用户授权同意的情况等重点内容予以明确约定。考虑到数据校验合作模式中一般以验证次数作为计费标准，因此数据违规留存已经成为此场景下的常见风险，不仅存在未履行实名认证义务的法律风险，甚至会因非法获取行为触及非法侵犯公民个人信息罪的刑事红线。因此，平台主体应当注重此环节的数据安全及相关人员管理。

（三）内容安全

内容安全是网络安全的重要组成部分。2021 年 9 月 15 日，国家互联网信息办公室发布了《关于进一步压实网站平台信息内容管理主体责任的意见》，明确平台需要"对信息内容呈现结果负责，严防违法信息生产传播，自觉防范和抵制传播不良信息，确保信息内容安全"。PCG 转向 UCG 的内容生产模式下，用户已经成为内容产生的主力，如何从安全层面进行用户发布信息的内容安全管理，也成为平台合规实践的关注重点（见表 2-3）。

表 2-3 关于平台信息内容管理的监管文件

序号	监管文件	效力层级
1	《中华人民共和国网络安全法》	法律
2	《中华人民共和国反有组织犯罪法》	法律
3	《互联网信息服务管理办法》	行政法规
4	《网络信息内容生态治理规定》	部门规章
5	《微博客信息服务管理规定》	部门规章
6	《互联网用户公众账号信息服务管理规定》	部门规章
7	《互联网群组信息服务管理规定》	部门规章
8	《即时通信工具公众信息服务发展管理暂行规定》	部门规章
9	《互联网新闻信息服务管理规定》	部门规章
10	《网络音视频信息服务管理规定》	部门规章
11	《区块链信息服务管理规定》	部门规章
12	《金融信息服务管理规定》	部门规章
13	《互联网宗教信息服务管理办法》	部门规章
14	《互联网信息服务管理办法（修订草案征求意见稿）》	征求意见稿
15	《互联网弹窗信息推送服务管理规定（征求意见稿）》	征求意见稿
16	《互联网信息服务深度合成管理规定（征求意见稿）》	征求意见稿
17	《互联网跟帖评论服务管理规定（修订草案征求意见稿）》	征求意见稿

《中华人民共和国网络安全法》从法律层面上明确网络运营者对用户发布信息进行管理的基本义务。而《互联网信息服务管理办法》《网络信息内容生态治理规定》作为平台内容安全治理的专门性文件作出了更为明确的要求。同时根据微博、公众账号、群组信息等不同产品形态，信息推送、内容生成等不同业务场景，金融、新闻、宗教等不同信息内容也分别出台了专门性规定，就内容治理而言，已经相对形成了全面完整的监管框架（见表 2-4）。

表 2-4　平台最低合规要求	
合规措施	**具体内容**
制度建立	建立健全用户注册、账号管理、信用管理制度；建立健全用户信息发布、跟帖评论审核制度；建立健全应急处置和网络谣言、黑色产业链信息处置制度；建立网络信息安全投诉、举报制度；进行版面页面生态管理、实时巡查；编制网络信息内容生态治理年度工作报告
人员设置	设立网络信息内容生态治理负责人；配备与业务范围和服务规模相适应的专业人员进行人工审查
平台规则	制定并公开管理规则和平台公约；制定并完善用户协议，明确用户相关权利义务；制定并公开隐私政策
投诉举报	公布投诉、举报方式等信息，及时受理并处理有关网络信息安全的投诉和举报
处置措施	停止传输、采取消除等处置措施，采取必要措施防止信息扩散、阻断传播；保存相关记录，向有关部门报告；提供技术支持和协助，配合监督检查

（四）个人信息保护

数字时代，个人信息积累成为企业发展的重要资源。相较于一般的个人信息处理者，平台连接双边市场，用户数量多、所形成的数据属于个人信息等数据汇集是平台经济发展的基础，因此《个人信息保护法》以及《关于平台经济领域的反垄断指南》都特别关注平台的个人信息处理问题，设定了单独的监管要求。对于提供重要互联网平台服务、用户数量巨大、业务类型复杂的平台个人信息处理者而言，除满足基本的个人信息保护合规义务外，还应当做到以下几点：①制度建设，包括建立内部合规制度体系以及外部独立机构监督机制；②管理义务，包括制定平台规则并进行监督管理，对平台内产品或者服务提供者处理信息的活动予以规范，并对违法行为及时采取措施；③定期发布个人信息保护社会责任报告，接受社会监督；④严格遵循最小必要原则收集个人信息，不得强制要求用户提供信息作为交易条件，不得因隐私信息、交易历史、个体偏好、消费习惯等影响交易条件。

（五）证据协助

在涉及网络服务的案件中，网络服务提供者的参与度在不断上升，被要求配合侦查机关的合作亦在不断增多。特别是对于电子网络犯罪案件，平台作为网络服务的提供者持有查明案件事实所需要的一些证据，因此在涉及网络服务的案件中，平台作为案外人需要配合执法、履行证据协助义务。虽然我国对于企业和个人协助侦查和协助执法的义务有所规定，但相关规定分散在不同的法律法规之中，尚未形成统一的法规体系（见表 2-5）。

表 2-5　对于企业和个人协助侦查、执法义务的法律法规

序号	监管文件	效力层级
1	《中华人民共和国刑事诉讼法》	法律
2	《中华人民共和国民事诉讼法》	法律
3	《中华人民共和国行政诉讼法》	法律
4	《中华人民共和国网络安全法》	法律
5	《中华人民共和国反恐怖主义法》	法律
6	《中华人民共和国数据安全法》	法律
7	《计算机信息网络国际联网安全保护管理办法》	行政法规
8	《公安机关办理刑事案件电子数据取证规则》	部门规章
9	《关于办理刑事案件收集提取和审查判断电子数据若干问题的规定》	司法解释

依法协助司法机关或执法机关调查取证是单位或个人的义务，单位或个人应当按照司法机关或执法机关要求进行配合。为协调平台的证据协助义务和正常经营活动，平台可以做到以下几点：第一，依法承担数据存留、数据审查和数据披露等义务。平台在日常的经营活动中应当对违法信息进行审查、监控并及时保存和报告；同时，在经营活动模式之外应单独留存用户的部分信息以备有关机关查询。第二，掌握审查和处理程序，合法合规配合侦查。平台应当查验调查取证人员执法证件和身份，了解其是否在遵循了合法的调查取证程序的前提下积极配合调查取证。第三，依法承担对公民个人信息、隐私权、财产权等权利予以保护的法律义务。当侦查机关的要求超出必要范围时，平台有权拒绝协助。

三、平台治理与平台责任

由于 Web 3.0 尚处于初级探索阶段，但平台的合规建设是运营发展的基础，本部分笔者将从目前的监管框架和法律法规出发，结合司法实践，从行政、民事、刑事三个方面对平台责任的主要风险进行重点提示。

（一）平台行政责任风险提示

在平台行政责任方面，需要重点关注平台的主体资质和金融安全的问题。

1. 主体资质

Web 3.0 平台是建立在区块链上、提供经营性互联网信息服务的应用，应根据其平台性质及业务范围获取相应的资质或办理登记、备案手续，以数字藏品平台为例，通常可能涉及的主要资质和许可义务如图 2-2 所示。

主体资质		
	办理区块链信息服务备案	根据《区块链信息服务管理规定》，如违反相关规定，将面临警告、责令限期改正、暂停相关业务、罚款的行政处罚
	获取互联网信息服务增值电信业务经营许可证，并办理登记手续	根据《互联网信息服务管理办法》，如违反相关规定，将面临没收违法所得、罚款、责令关闭网站或应用软件的行政处罚
	获取信息网络传播视听节目许可证或履行备案手续	根据《互联网视听节目服务管理规定》，如违反相关规定，将面临警告、责令改正、没收违法所得、罚款、吊销执照的行政处罚
	获取网络出版服务许可证	根据《网络出版服务管理规定》，如违反相关规定，将面临责令关闭、删除全部相关网络出版物、没收违法所得和从事违法出版活动的主要设备、专用工具的行政处罚
	获取网络文化经营许可证	根据《互联网文化管理暂行规定》，如违反相关规定，将面临警告、责令改正、没收违法所得、罚款、吊销执照的行政处罚
	办理艺术品经营备案	根据《艺术品经营管理办法》，如违反相关规定，将面临责令改正、罚款的行政处罚
	办理网络安全等级保护备案	根据《中华人民共和国网络安全法》，如违反相关规定，将面临警告、责令改正、罚款的行政处罚
	获取支付业务许可证或与第三方支付平台合作	根据《非金融机构支付服务管理办法》，如违反相关规定，将面临责令终止支付业务、罚款的行政处罚
	获取拍卖经营许可证或与拍卖公司合作	根据《中华人民共和国拍卖法》，将面临取缔、没收违法所得、罚款的行政处罚

图 2-2　数字藏品平台可能涉及的主要资质和许可义务

2. 金融安全

Web 3.0 将产生全新的商业模式和数字经济业态，可能衍生出炒作、洗钱、非法金融活动等金融风险，维护金融安全和金融秩序稳定是平台责任的重中之重，具体如图 2-3 所示。

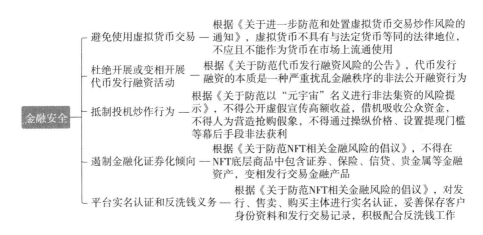

图 2-3　平台针对金融安全的责任和义务

（二）平台民事责任风险提示

《中华人民共和国民法典》第一千一百九十四条至第一千一百九十七条规定，对于网络服务提供者而言，民事责任主要包括网络服务提供者自身实施侵权行为而应承担的单独责任和网络服务提供者帮助网络用户实施侵权行为而应承担的连带责任。Web 3.0 平台属于新型的网络服务提供者，其行为应当纳入《中华人民共和国民法典》的调整范围。

2022 年 4 月 20 日，杭州互联网法院依法公开开庭审理原告某文化公司与被告某科技公司侵害作品信息网络传播权纠纷一案，最终判决 NFT 平台承担帮助侵权的连带责任。该案被称为国内"NFT 数字藏品侵权第一案"，对 NFT 平台的平台义务和责任承担等问题具有较大的指导意义，相应要点梳理如图 2-4 所示。

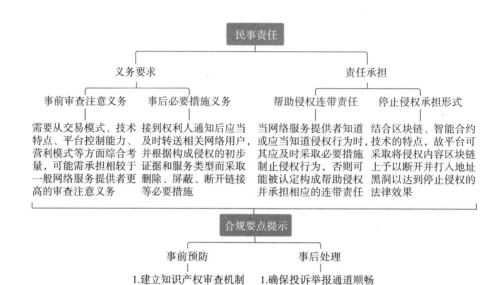

图 2-4 NFT 平台的民事责任

（三）平台刑事责任风险提示

Web 3.0 时代，除传统的以计算机及其信息系统为对象或工具的犯罪外，以人工智能和大数据为特征的智能化科技犯罪和各种新型犯罪层出不穷，平台在网络违法犯罪中的作用日益显著，平台成为 Web 3.0 时代重要的责任主体。《中华人民共和国网络安全法》第五十九条至第七十五条对网络平台从设立到运营、从内容制造到信息提供等进行了全过程的法律规制；《中华人民共和国刑法修正案（九）》增设拒不履行信息网络安全管理义务罪倒逼网络平台配合政府履行网络安全监管义务，网络服务的提供者成立犯罪不再依托于网络空间中特定的其他犯罪行为，而是直接对自己所提供的服务、所管理平台中出现的危害后果承担刑事责任，Web 3.0 时代网络犯罪的追责重点由个人转向平台。

拒不履行信息网络安全管理义务罪的认定以"网络服务者提供者不履行法律、行政法规规定的信息网络安全管理义务"和"经监管部门责令采取改正措施而拒不改正"两个要件为前提。这里的"法律、行政法规"亦即拒不履行信息网络安全管理义务罪的前置法，范围广种类多，如《中华人民共和国网络安全法》《中华人民共和国电子商务法》《中华人民共和国个人信息保护法》等。这些前置法中最重要的是《中华人民共和国网络安全法》，该法第五十九条至第七十五条规定，网络运营者、网络产品或者服务的提供者违反相关法律规定，情节严重的，即可能构成拒不履行信息网络安全管理义务罪（见图2-5）。

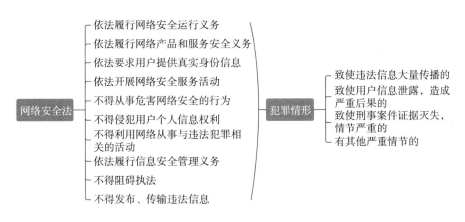

图2-5　《中华人民共和国网络安全法》对平台提出的义务要求

四、　Web 3.0 时代，平台治理的发展与挑战

（一）　Web 3.0 的开放与共建

　　Web 1.0 和 Web 2.0 时代，以互联网巨头为核心形成的一个个生态圈，充分享受着数据、价值和网络效应带来的红利。而在理想的 Web 3.0 范式中，互联网巨头享有的生态、数据、流量价值等优势将式微，取而代之的是开放、共建的互联网新世界。Web 3.0 世界将充分开放化，用户在不同的互联网中有着充分的准入自由，在其中的行为将不受生态隔离的限制，内容和应用将由用户创造和主导，充分实现用户共建、共治并在隐私得到充分保护的前提下与他人分享平台（协议）的价值。这将催生一个全新的全球数字经济，创造新的商业模式和市场并产生大量自下而上的创新。技术的迭代、商业模式的创新和生

产力的变革对于互联网平台和投资者而言既是机遇也是挑战。

（二）"去中心化"会是伪命题吗？

去中心化已经被讨论了很多年，但实行起来困难重重。需要明确的是，去中心化不是站在中心化的对立面，而是由节点来自由选择中心、自由决定中心，是相对于中心化而言的新型社会关系形态和新型内容产生形态。将现在的树形生产关系变成分布式网状的，建立一个深入人心的"拥抱多元化中心"的价值体系仍是大家追求的目标和奋斗的方向。但当前的科技水平未必可以适应突然完全不需要领导和不存在绝对中心管理机构所带来的生产力变革，社会秩序很可能会出现问题。中心化与去中心化究竟孰优孰劣，还是两者相互结合会更加高效，都有待市场的检验。

随着 Web 2.0 向 Web 3.0 的演进和信息技术革命的不断深化，在强调"去中心化""用户自主"的变革浪潮下，网络空间及网络秩序将会发生巨大的变化，平台治理的方式和监管体系也将面临更加复杂的挑战。我们期待，在综合运用法律、社会规范、市场和算法等手段进行监管规制的基础上，未来能够依托技术的创新与科技的进步探索出平台治理更为广阔的方向。

Surfing Web 3.0

with
Metaverse Compliance Guideline

第二篇 ｜ 价值篇

第三章

元宇宙合规之数字藏品中国交易合规路径

2022年4月13日，中国互联网金融协会、中国银行业协会、中国证券业协会联合发布了《关于防范NFT相关金融风险的倡议》（以下简称《倡议》），明确提出坚决遏制NFT金融化证券化的六大风险行为。自2021年6月23日支付宝在国内首发第一批NFT付款码皮肤"敦煌飞天"以来，NFT的发行、交易在我国境内经历了风生水起的一年。除了阿里巴巴、腾讯、京东、百度等互联网巨头布局之外，视觉中国、芒果TV、阅文集团等上市公司也纷纷加入了NFT的发行大潮。不久后，中国的NFT更名为更加中性的"数字藏品"，试图强化其艺术属性而弱化其金融属性。

短短的一年时间，从NFT的兴起到《倡议》的出台，NFT在我国是否可以合法交易，数字藏品的监管边界究竟在哪里，中国市场下的数字藏品平台的合规路径应该如何规划？本章将从数字藏品的交易主体合规要求和交易对象的法律性质出发，结合数字藏品的铸造、发行、流转全流程，结合《倡议》所提出的底线行为以及金融风险提示，分析数字藏品全生命周期合规要求，具体如图3-1所示。

目前，我国互联网平台数字藏品运营的商业模式各不相同：部分互联网平台依托自身开发的联盟链发布数字藏品，且严格禁止转售，杜绝二级市场交易；而有些平台则选择公链作为底层技术，这样与国际上的NFT产品更加一致；更有些数字藏品平台开放了转售功能，允许用户在购买后进行交易，此类藏品的价格经过炒作进而水涨船高（见图3-2）。

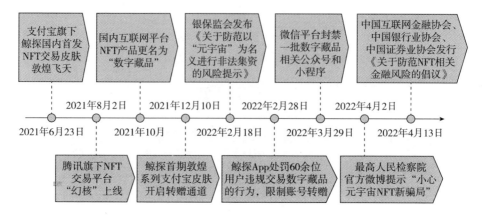

图 3-1　我国数字藏品发展与监管

图 3-2　我国现有的数字藏品/NFT 项目商业模式

一、数字藏品交易主体合规要求

目前，主流的数字藏品平台主要采用版权方独立创作或与平台共同创作，经由平台铸造后向用户发行的基本模式。数字藏品过程主要涉及平台、版权方、用户三类交易主体（见图 3-3）。平台作为服务提供方需要根据监管要求履行相应合规义务。

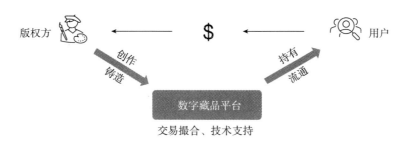

版权方　创作 铸造 $　持有 流通　用户

数字藏品平台
交易撮合、技术支持

图 3-3　平台、版权方、用户三者之间的关系

　　例如，国内首个数字藏品交易 App"幻核"，基于腾讯与单向空间联合出品的访谈类节目，首期限量发售了 300 枚"有声《十三邀》数字艺术收藏品"，包含李安、陈嘉映等 13 个人物的语录。从互联网头部企业的数字藏品运营模式上看，多是与作者或相关权利人签订协议，将原本以视频、音频或者图像形式存在的作品上链铸造成相应的数字藏品，并且利用平台的影响力向平台内用户营销发行。在此类商业模式下，数字藏品平台至少从事了铸造、发行和运营三项活动，因此数字藏品平台至少需要进行区块链信息服务备案，并获得相应的 ICP 行政许可（见表 3-1）。

表 3-1　数字藏品涉及的业务框架及资质要求

业务场景	业务类型	资质要求	法律规定	监管部门
利用区块链铸造发行数字藏品	区块链信息服务	区块链信息服务备案	《区块链信息服务管理规定》	网信办
提供数字藏品信息发布、付费广告等服务	信息发布平台和递送服务	ICP 资质（许可/备案）	《电信业务分类目录（2015 年版）》	工信部
提供数字藏品检索	信息搜索查询服务			
对数字藏品进行商品评价功能	信息社区平台服务			

二、数字藏品平台通用资质合规要求

　　对于数字藏品平台而言，除了需要满足基本行政监管的资质要求之外，同时需要关注知识产权授权转让过程中所可能引发的民事纠纷法律风险。著作权法意义上的作品通过 NFT 铸造成为数字藏品，可能会涉及复制权、展览权、信息网络传播权等各类权利。因此，数字藏品平台应当通过协议对相关权利的许可转让予以明确约定，并建立恰当的平台管理规则，避免因权利存在瑕疵所引发的侵权风险波及平台本身。

三、数字藏品交易方式合规要求

数字藏品作为特殊的虚拟商品，其交易全流程包含了铸造、发行和流转三大过程。在发行环节，数藏平台为增加营销热度，往往采用空投、盲盒、拉新赠送、消费打榜等多种营销方法。在流转环节，有些平台仅允许用户持有，有些平台则允许用户转赠乃至转售。从用户角度而言，很多数字藏品一物难求，故而外挂代抢行为时有发生。虽然平台仅允许转赠，但是用户私下转售也并不鲜见。除了平台和用户之外，市面上甚至出现了不少 NFT 带单老师，指导用户进行数字藏品投资。这些行为的合规性如何？在法律上如何评价？平台、用户的行为边界究竟在哪里？上述问题都值得深入探讨。

（一）数字藏品禁止二级交易已成合规主流趋势

目前，市面上多家数字藏品平台采用了禁止转售、禁止转赠的模式，用户购买藏品后仅可用于个人收藏。包括腾讯、京东等在内的多家互联网巨头发布的数字藏品，均禁止转售转赠，用户购买后仅可个人持有。支付宝旗下的鲸探作为最早试水数字藏品领域的互联网平台，则采用了限定转赠的模式。西安秦储数藏发行的秦储平台、集印猫科技旗下的故纸堆数藏平台[①]等也采用了限制转赠的模式。

---

① 可转赠的几大国内 NFT 平台［EB/OL］.［2022-03-15］. http://www.yitb.com/index.php/viewnews-8680.

尽管监管机构目前尚未明确对数字藏品的法律性质、交易模式做出限制性或者禁止性的规定，但是从长久以来监管机构针对虚拟货币等领域的监管政策分析不难发现，防止炒作、禁止非法金融活动一直是监管的核心底线。数字藏品起源于非同质化代币（Non Fungible Token），其天然与我国严厉禁止的虚拟货币有千丝万缕的联系。2013 年，中国人民银行等五部委发布的《关于防范比特币风险的通知》，就提出要避免因比特币等虚拟商品借"虚拟货币之名"过度炒作。在 2017 年的《关于防范代币发行融资风险的公告》和 2021 年的《关于进一步防范和处置虚拟货币交易炒作风险的通知》中，均多次重点提及虚拟货币以及相关衍生品的炒作风险问题，如果涉嫌破坏金融秩序、危害金融安全，由有关部门进行查处，构成犯罪还要依法追究刑事责任。因此，数字藏品的转售行为，实际上大大增加了其炒作的风险，进而可能影响金融安全与稳定，甚至破坏金融秩序。主流互联网平台采用禁止二级交易的形式，主要也是从防止炒作风险出发，弱化数字藏品的金融属性。

目前，头部互联网平台开发的数字藏品交易功能均不支持转售模式，但是市面上仍然有一些中小型数字藏品交易平台支持数字藏品的转售，即允许二级交易的存在。值得注意的是，2022 年 3 月 29 日，微信客户端多家与数字藏品相关的公众号或者小程序均被关闭，多数为中小型数字藏品平台。经过检索发现，这些被封禁的数字藏品平台多数都支持二级市场交易，即用户购入数字藏品后可以转售并获利。腾讯微信团队在 2022 年 3 月 30 日也发布公告，称此次封禁数字藏品相关公众号的行动是针对炒作、二次售卖数字藏品的公众号及小程序进行的规范化整顿。目前，公众号仅提供数字藏品展示和一级交易，不支持提供二级交易；小程序只支持数字藏品展示和一级赠送，交易和多级流转属于未开放范围。故而腾讯对相关微信账号和小程序进行整顿，亦在情理之中。

（二）平台发行营销行为存在合规陷阱

目前市面上的数字藏品发行方式花样繁多，空投、盲盒、拉新赋能等互联网产品营销方法在数字藏品发行上全面开花。第一，空投赠送数字藏品福利。市面上大部分数字藏品平台都会采用空投向用户免费发送藏品，以增加平台热度。这是区块链领域中的经典福利营销方法，即向指定的用户（区块链地址）赠送数字通证。第二，盲盒玩法叠加数字藏品。有些平台选择直接发售数字藏品盲盒，以稀缺性吸引玩家。但是盲盒的稀缺性究竟如何？抽取概率又有多少？平台的行为是否涉嫌诱导非玩家用户进行投机炒作，扰乱正常交易秩序？参照上海市市场监督管理局 2022 年制定的《上海市盲盒经营活动合规指引》，显然这类利用盲盒进行营销的行为应当慎之又慎，其合规风险不容小觑。第三，通过拉新活动进行用户奖励。目前，不少平台为了扩张用户、提高市场影响力，多采用鼓励老用户邀请新用户的方法，并且根据拉新人数奖励稀有的数字藏品，并且给予超级赋能。这种"拉人头"的方法在过往的许多行业中都有运用，但是拉新的人数多少？是否分层级？合规营销和非法传销的边界在哪里？平台在用户推广时显然应当在法律约束范围内保持克制。第四，消费冲榜返现抽奖。一些平台规定，消费最多的藏家可以分奖金、领奖品。这种营销方法意在鼓励用户进行更多的消费，从而让早起玩家藏品有浮盈。第五，限量发售、抽奖购买。这种营销模式下，有奖销售信息是否明确，抽奖方式是否公平合理，奖品总量和各地区分配数量是否按照法律规定公示，中奖概率是否明确都需要从合规角度进行确认。2019 年 8 月，国家市场监督管理总局发布的《规范有奖销售等促销行为暂行规定（征求意见稿）》，对于有奖销售提出了合规要求，平台如果违反相应规定，有可能涉嫌不正当竞争或者侵害消费者权益。

（三）用户违规转售时有发生

除了平台端的发行营销行为可能面临合规风险之外，数字藏品用户的某些行为也游走在法律的边缘。首先，外挂抢购可能违法。由于数字藏品的热度居高不下，特别是某些知名 IP 铸造的数字藏品，限量发售更是难求。市面上因此出现了使用脚本恶意攻击网站、恶意调用购买端口等违规作弊抢购藏品的现象。2022 年 3 月，StarArk 数字文创平台就发布紧急公告称平台遭恶意外挂脚本攻击。鲸探也曾发布公告称部分用户使用第三方软件违规作弊，因此对违规用户做出限制购买、转赠数字藏品的处罚。此类用户利用外挂攻击平台的行为，视其严重程度，可能涉嫌非法破坏计算机信息系统。其次，私下转售屡禁不止。部分用户私下转售禁止转售的数字藏品，违反平台有关规定，此类交易行为难以得到法律保障。鲸探 App 针对用户在平台外私下交易的行为发布公告，做出限制转赠数字藏品的处罚。此类的交易行为由于违反了平台与用户的协议，从而容易遭到平台的查处。交易过程中的转售行为往往是双方私下进行，存在欺诈风险，转赠诈骗行为也时有爆出。最后，带单炒作风险极高。部分用户不仅满足自行购买需求，还通过线下或者线上的方式，向不特定多数社会群体宣传数字藏品项目，提供有偿咨询，甚至诱导公众进行投资。在这种情况下，如果带单老师利用自身影响力低买高卖甚至诱导其他投资者接盘，则极有可能发展为被认定为涉嫌诈骗等违法犯罪行为。无论无偿带单还是有偿带单，用户在向他人提供数字藏品咨询信息时，亦要把握尺度。

四、数字藏品交易对象合规要点

目前法律上并没有对数字藏品的法律性质进行明确规定，其究竟属于数据、网络虚拟财产，抑或是艺术品的探讨未有定论，监管规定也并未对此予以明确。但是无论如何，根据《中华人民共和国民法典》的规定，数字藏品所具备的财产属性应当予以保护。[①] 从市面上的数字藏品平台的业务来看，主要以图片类和音视频类数字藏品为主。图片类包括绘画、海报、3D 模型等。2022 年 1 月，国画大师齐白石的原作《群虾图》首个社交化数字藏品在上海

---

① 《中华人民共和国民法典》第一百二十七条规定："法律对数据、网络虚拟财产的保护有规定的，依照其规定。"

嘉禾首届冬季藏品拍卖会发售，最终以 30 万元落槌成交。[①] 音视频类藏品最典型的则是腾讯幻核发布的"有声《十三邀》数字艺术收藏品"，是国内首件由视频谈话节目开发的数字音频收藏品。因此，数字藏品的法律性质不仅需要考虑其作为数据或者网络虚拟财产的性质，更需要考虑其所指向的对象以及所承载内容的法律性质。目前，数字藏品大多为艺术品、音视频、网络表演、网络艺术品等的数字化形式，故而平台还需要根据发行数字藏品的特定类型决定是否需要进行特定产品经营业务相关的许可要求。

（一）艺术品类数字藏品经营合规要求

如果数字藏品指向的对象为艺术品，平台可能需要符合艺术品类相关经营合规要求。《艺术品管理办法》中规定的艺术品包括绘画、书法、篆刻、雕塑等作品及其有限复制品。收购、销售、租赁、经济、商业性展览等均属于艺术品经营活动。[②] 如果平台经营的数字藏品指向的对象为绘画、摄影、工艺美术作品等艺术品，那么可能需要遵守《艺术品经营管理办法》的规定，在相应的文化行政部门履行备案手续。[③] 如果平台销售艺术品类数字藏品的方式采用了拍卖等模式，还应当获得相应的拍卖资质。[④]

（二）网络文化类数字藏品经营合规要求

如果数字藏品指向的对象为网络文化类产品，如网络动漫、表演、网络艺

---

① 李华林. 数字藏品火出圈! 想象很丰满，现实有点骨感? [N/OL]. 经济日报，[2022-03-26]. https://mp.weixin.qq.com/s/At7TzaiChVNJNPxblHl1Tg.

② 《艺术品经营管理办法》第二条规定："本办法所称艺术品，是指绘画作品、书法篆刻作品、雕塑雕刻作品、艺术摄影作品、装置艺术作品、工艺美术作品等及上述作品的有限复制品。本办法所称艺术品不包括文物。本办法规范的艺术品经营活动包括:（一）收购、销售、租赁；（二）经纪；（三）进出口经营；（四）鉴定、评估、商业性展览等服务；（五）以艺术品为标的物的投资经营活动及服务。利用信息网络从事艺术品经营活动的适用本办法。"

③ 《艺术品经营管理办法》第五条规定："设立从事艺术品经营活动的经营单位，应当向其住所地县级以上人民政府工商行政管理部门申领营业执照，并在领取营业执照之日起 15 日内，到其住所地县级以上人民政府文化行政部门备案。其他经营单位增设艺术品经营业务的，应当按前款办理备案手续。"

④ 《中华人民共和国拍卖法》第十一条规定："企业取得从事拍卖业务的许可必须经所在地的省、自治区、直辖市人民政府负责管理拍卖业的部门审核批准。拍卖企业可以在设区的市设立。"

术品，需要符合网络文化类产品经营合规要求。数字藏品平台通过网络发行网络艺术品等文化产品，可能被认定为经营性互联网文化活动，根据《互联网文化管理暂行规定（2017 年修订）》，需要取得网络文化经营许可资质。[①]

（三）音视频类数字藏品合规要求

如果数字藏品指向的对象为音视频类节目，则平台的经营活动有可能被视为从事互联网视听节目服务，根据《互联网视听节目服务管理规定》，需要取得信息网络传播视听节目许可资质。[②] 当然，很多情况下，这些音视频类节目已经制作完成，数字藏品平台仅仅是将已经制作好的视听节目的片段进行上链铸造，这种情况下是否需要与直接发行视听类节目取得同样的资质许可，还需要进一步明确。此外，从事互联网视听节目服务的主体仅限于国有独资或国有控股单位。[③] 这一点可能也会对企业入局该领域提出一定限制。

---

① 《互联网文化管理暂行规定》第三条规定："本规定所称互联网文化活动是指提供互联网文化产品及其服务的活动，主要包括：（一）互联网文化产品的制作、复制、进口、发行、播放等活动；（二）将文化产品登载在互联网上，或者通过互联网、移动通信网等信息网络发送到计算机、固定电话机、移动电话机、电视机、游戏机等用户端以及网吧等互联网上网服务营业场所，供用户浏览、欣赏、使用或者下载的在线传播行为；（三）互联网文化产品的展览、比赛等活动。 互联网文化活动分为经营性和非经营性两类。 经营性互联网文化活动是指以营利为目的，通过向上网用户收费或者以电子商务、广告、赞助等方式获取利益，提供互联网文化产品及其服务的活动。 非经营性互联网文化活动是指不以营利为目的向上网用户提供互联网文化产品及其服务的活动。"第八条规定："申请设立经营性互联网文化单位，应当向所在地省、自治区、直辖市人民政府文化行政部门提出申请，由省、自治区、直辖市人民政府文化行政部门审核批准。"
② 《互联网视听节目服务管理规定》第七条规定："从事互联网视听节目服务，应当依照本规定取得广播电影电视主管部门颁发的《信息网络传播视听节目许可证》（以下简称《许可证》）或履行备案手续。 未按照本规定取得广播电影电视主管部门颁发的《许可证》或履行备案手续，任何单位和个人不得从事互联网视听节目服务。"
③ 《互联网视听节目服务管理规定》第八条规定："申请从事互联网视听节目服务的，应当同时具备以下条件：（一）具备法人资格，为国有独资或国有控股单位，且在申请之日前三年内无违法违规记录；（二）有健全的节目安全传播管理制度和安全保护技术措施；（三）有与其业务相适应并符合国家规定的视听节目资源；（四）有与其业务相适应的技术能力、网络资源；（五）有与其业务相适应的专业人员，且主要出资者和经营者在申请之日前三年内无违法违规记录；（六）技术方案符合国家标准、行业标准和技术规范；（七）符合国务院广播电影电视主管部门确定的互联网视听节目服务总体规划、布局和业务指导目录；（八）符合法律、行政法规和国家有关规定的条件。"

（四）出版物类数字藏品合规要求

市面上的数字藏品较多以美术或者音乐类的单个画作数字藏品或者单个音乐数字藏品存在，通常是以数字化的方式呈现原作品本身。因此，出版此类数字藏品有可能需要适用《网络出版服务管理规定》，取得网络出版服务许可证。但是，《网络出版服务管理规定》规定"网络出版物"是指"通过信息网络向公众提供的，具有编辑、制作、加工等出版特征的数字化作品，范围包括文字、图片、动漫、音视频读物、游戏、报纸、期刊等"。[①] 虽然数字藏品指向的对象是文字、图片，甚至是报纸、期刊，但是这些数字藏品仅仅是以数字化的方式呈现原作品本身，不一定具有编辑、加工、制作等出版特征。因此，是否一定需要网络出版服务许可证，还需要结合具体业务场景进行判断。除此之外，根据《国务院关于非公有资本进入文化产业的若干决定》，非国有控股企业实践中无法取得网络出版服务许可证。[②] 这一点可能会对大部分企业的发展产生一定的限制。

[①] 《网络出版服务管理规定》第二条规定："在中华人民共和国境内从事网络出版服务，适用本规定。 本规定所称网络出版服务，是指通过信息网络向公众提供网络出版物。 本规定所称网络出版物，是指通过信息网络向公众提供的，具有编辑、制作、加工等出版特征的数字化作品，范围主要包括:(一) 文学、艺术、科学等领域内具有知识性、思想性的文字、图片、地图、游戏、动漫、音视频读物等原创数字化作品;（二）与已出版的图书、报纸、期刊、音像制品、电子出版物等内容相一致的数字化作品;（三）将上述作品通过选择、编排、汇集等方式形成的网络文献数据库等数字化作品;（四）国家新闻出版广电总局认定的其他类型的数字化作品。 网络出版服务的具体业务分类另行制定。"第十一条规定："申请从事网络出版服务，应当向所在地省、自治区、直辖市出版行政主管部门提出申请，经审核同意后，报国家新闻出版广电总局审批。 国家新闻出版广电总局应当自受理申请之日起 60 日内，作出批准或者不予批准的决定。 不批准的，应当说明理由。"

[②] 《国务院关于非公有资本进入文化产业的若干决定》规定："非公有资本不得投资设立和经营通讯社、报刊社、出版社、广播电台（站）、电视台（站）、广播电视发射台（站）、转播台（站）、广播电视卫星、卫星上行站和收转站、微波站、监测台（站）、有线电视传输骨干网等;不得利用信息网络开展视听节目服务以及新闻网站等业务; 不得经营报刊版面、广播电视频率频道和时段栏目; 不得从事书报刊、影视片、音像制品成品等文化产品进口业务; 不得进入国有文物博物馆。"

五、《关于防范 NFT 相关金融风险的倡议》背景下 NFT 项目的风险边界

在达到以上基本合规的要求下，《关于防范 NFT 相关金融风险的倡议》（以下简称《倡议》）为市面上火热的 NFT 项目划定了风险边界，并且明确提出了坚决遏制 NFT 金融化证券化的倾向，提出了六项禁止性行为规范，具体如表 3-2 所示。

表 3-2 NFT 项目的六项禁止性行为规范

序号	类型	行为
1	变相发行交易金融产品	在 NFT 底层商品中包含证券、保险、信贷、贵金属等金融资产
2	变相开展代币发行融资（ICO）	通过分割所有权或者批量创设等方式削弱 NFT 非同质化特征
3	变相违规设立交易场所	为 NFT 交易提供集中交易（集中竞价、电子撮合、匿名交易、做市商）、持续挂牌交易、标准化合约交易
4	以虚拟货币作为定价结算工具	以以太币、比特币、泰达币等虚拟货币作为 NFT 发行交易的计价和结算工具
5	无实名认证和客户身份资料、发行交易记录	发行、售卖、购买主体没有实名认证和交易记录保存不善，导致反洗钱风险
6	直接/间接为 NFT 投融资	直接或者间接投资 NFT，为 NFT 提供融资支持

从《倡议》来看，避免 NFT 引发的金融风险始终是监管关注的底线问题。基于文创底色背景的数字藏品，发挥 NFT 在产业数字化、数字产业化方面的作用，是受到正面肯定的。但是，"脱实向虚"的 NFT 金融化证券化倾向，从而引发炒作、洗钱、非法金融活动等隐患，则会触碰监管底线。围绕 NFT 的监管也与长期以来我国对虚拟货币及相关炒作风险的警示与相关非法金融活动的态度保持一致。《倡议》提示对 NFT 交易的实名身份认证要求，也在提示相关主体关注反洗钱风险。另外，《倡议》提出金融机构不得直接或间接投资NFT，不为投资 NFT 提供融资支持，也是要从融资渠道防止资金变相流入 NFT

行业从而增加炒作风险，影响金融稳定。

《倡议》对于 NFT 金融化证券化的禁止性规定也与世界各国的监管态势保持了一致。早在 2021 年 3 月的证券代币峰会上，美国 SEC 专员 Hester M. Peirce 就警示，碎片化 NFT（F-NFT）或者可拆分 NFT 可能会通过美国证券法的"豪威测试"（Howey Test），被 SEC 认定为证券范畴，发行人如果没有相应资质可能涉及非法发行证券，受到 SEC 的监管。这一点与《倡议》中提出的"通过分割所有权或者批量创设等方式削弱 NFT 非同质化特征"的思路不谋而合。证券、金融在世界各国都属于强监管的行业，可以预见，此类商业行为可能会同时落入各国的监管视野。

六、结语

虽然我国并没有对数字藏品本身出台针对性的监管规定，但是围绕经营数字藏品的互联网平台和数字藏品所承载的对象已经有了非常细致的监管规定。数字藏品在我国的兴起不过短短一年的时间，但是其带来的热度却丝毫不减。由于我国对于虚拟货币的严格禁止，我国市场上的无币化数字藏品的探索使中国数字藏品走出了不同于海外 NFT 的一条全新道路。显然，《倡议》给中国语境下的数字藏品划定了行为边界。无论是互联网企业入局数字藏品，还是传统文化艺术企业主动寻求数字化突破，坚持在中国语境下的合规化经营，避免"脱实向虚"，才是数字藏品在我国长久的稳健发展之道。

第四章
元宇宙生态下价值流转本土化合规探索

2022 年 4 月，最高人民检察院会同中华全国工商业联合会专门召开会议，宣布涉案企业合规改革试点在全国检察机关全面推开。在金融领域企业数字化转型背景下，如何守正创新、合规发展，成为当下金融领域企业的核心关切。区块链底层技术应用成为金融创新的重要基础，如何实现链上价值流转合规是中国本土化实践所面临的现实问题。鉴于通证（Token）价值流转模式难以符合中国虚拟货币监管的政策原则与要求，存在实质性合规问题，因此实践中可以尝试在联盟链技术发展的基础上，建立链上交易与链下支付"映射"的价值流转模式，打通链上企业与银行、非银行支付机构的账户孪生体系，实现链上价值流转合规。与此同时，央行数字货币的试行与推广也为链上价值流转合规模式的探索提供了广阔的空间。

金融科技驱动科技金融，数字经济成为重要的发展引擎。在《"十四五"数字经济发展规划》的背景下，中国人民银行印发的《金融科技发展规划（2022—2025 年）》进一步明确了中国金融数字化转型的基本方向与发展路径。兼顾金融创新与金融风险防控，《中华人民共和国金融稳定法》进入征求意见阶段，为实现金融创新保驾护航。金融、技术、监管共同明确创新边界。上海、深圳、杭州等纷纷加速城市数字化转型，数字人民币等中央银行数字货币的试点应用充分拓展了行业和场景对于数字化金融的想象力，区块链作为底层技术基础对于金融创新的重要作用不容忽视。

此背景下，"元宇宙"作为数字生态的重要场景受到国内外科技创投青昧。在一些创业者、思想传播者，甚至在一些社会学、法学学者眼中，仿佛元宇宙已经迫近，并且将成为全球科技行业创世性的新天地，甚至有经济学家已经在谈论"元宇宙和后人类社会"的问题。我们观察，元宇宙并非开天辟地，也不会如天降陨石般扑面而来，只不过是经历了几十年技术积累和迭代，整个TMT（Technology，Media，Telecom，即科技、媒体、电信）行业软硬件应用让虚拟现实（VR）、增强现实（AR）、混合现实（MR）等领域具备了更好的用户交互能力，在工业互联网领域也产生了很好的生态落地场景，根植于区块链技术的去中心化思想进一步得到了解放。人人都在谈元宇宙，但略显尴尬的是，目前为止，行业还没有对元宇宙的定义达成共识，有学者从平行宇宙的维度展开描述，有学者提出通向元宇宙的"八个关键特征"[1]，还有学者提出元宇宙技术的本质是"数字孪生"技术。[2]

我们观察到，在应用场景方面，目前 NFT、游戏和虚拟现实等领域是元宇宙内涵表述较为丰富的应用场景，其中所涉及的金融创新问题也受到广泛关注。一方面，监管严格禁止以"元宇宙投资项目""元宇宙链游"等名目吸收资金，涉嫌非法集资、诈骗等违法犯罪活动，避免出现劣币驱逐良币的现象。中国银保监会于 2022 年 2 月发布《关于防范以"元宇宙"名义进行非法集资的风险提示》，严防元宇宙概念异化为违法犯罪的温床。另一方面，行业中一些真正致力于元宇宙创新产业研发和探索的项目也在业务产品中积极探索合法合规的边界。谈及金融，必然涉及资金流转，如何实现在区块链技术创新、央行法定数字货币创新场景的基础上，探讨链上价值流动的合规边界具有重要意义。

一、基于区块链通证（Token）价值流转模式的合规困境

（一）区块链通证承载价值流转的基本模式

区块链是元宇宙的底层核心技术优势。基于区块链分布式账本的出现，创

---

① 陈永伟，程华. 元宇宙的经济学：与现实经济的比较 [J]. 财经问题研究，2022（5）: 3-16.
② 姚前. Web 3.0：渐行渐近的新一代互联网 [J]. 中国金融，2022（6）: 14-17.

造了一种脱离传统的中心化账户模式的可信价值传递技术，它以密码学技术为基础，通过分布式共识机制，以通证为载体，完整、不可篡改地记录链上交易的全过程。[1] 用户在本地电脑上安装钱包软件，根据系统参数随机生成私钥，然后通过算法导出公钥，再通过哈希运算和编码，生成钱包地址。通证可以承载价值在不同钱包地址之间转移，用户通过控制自己的私钥进而控制通证承载的价值。这种模式下交易确认和分布式账本更新同步完成，并不依赖第三方的支付服务。[2]

（二）区块链通证的价值基础目前存在严重的合规缺陷

最典型的通证交易模式是比特币，有人认为其价值来源于稀缺性和交易共识。这个问题本身就存在巨大的争议。[3] 从国内监管合规角度观察，2013 年，中国人民银行等五部委联合发布了《关于防范比特币风险的通知》（以下简称《通知》），明确比特币不是由货币当局发行，不具有法偿性与强制性等货币属性，并不是真正意义的货币。各金融机构和支付机构不得以比特币为产品或服务定价，不得买卖或作为中央对手方买卖比特币。上述规定重点约束金融机构和支付机构。《通知》还规定了"提供比特币登记、交易等服务的互联网站应当在电信管理机构备案"，并且履行反洗钱义务。《通知》虽然否定了比特币的货币属性，但允许比特币在国内互联网交易平台进行交易，之后比特币和衍生出的各类虚拟货币交易层出不穷，通过发行虚拟货币形式（ICO）进行融资的项目大量涌现。2017 年，为了防范金融风险和保护投资者利益，中国人民银行等七部委发布了《关于防范代币发行融资风险的公告》，直接明确代币发行融资本质上是一种未经批准非法公开融资的行为，涉嫌非法发售代币票券、非法发行证券以及非法集资、金融诈骗、传销等违法犯罪活动；任何所谓的代币融资交易平台不得从事法定货币与代币、"虚拟货币"相互之间的兑换

---

[1] 朱玮,吴云,杨波. 区块链简史［M］. 北京:中国金融出版社, 2020.
[2] 姚前. 理解央行数字货币:一个系统性框架［J］. 中国科学:信息科学,2017,47（11）: 1592-1600.
[3] 《比较》研究部. 读懂 Libra［M］. 北京:中信出版社, 2019.

业务，不得买卖或作为中央对手方买卖代币或"虚拟货币"，不得为代币或"虚拟货币"提供定价、信息中介等服务。从此国内互联网虚拟货币交易平台（交易所）被全面禁止。2021 年 9 月，中国人民银行等十部门发布的《关于进一步防范和处置虚拟货币交易炒作风险的通知》严厉阐明：虚拟货币相关业务活动属于非法金融活动。开展法定货币与虚拟货币兑换业务、虚拟货币之间的兑换业务、作为中央对手方买卖虚拟货币、为虚拟货币交易提供信息中介和定价服务、代币发行融资以及虚拟货币衍生品交易等虚拟货币相关业务活动涉嫌非法发售代币票券、擅自公开发行证券、非法经营期货业务、非法集资等非法金融活动，一律严格禁止，坚决依法取缔。对于开展相关非法金融活动构成犯罪的，依法追究刑事责任。伴随上述监管规范陆续出台，同期中国互联网金融协会和中国银行业协会，以及地方金融协会也陆续发布了配套要求。此种背景下，基于区块链上通证的交易模式，目前阶段在国内存在实质性合规问题。

比特币以及其他价值锚定比特币的各种虚拟货币价格波动巨大，那些声称锚定某国主权货币或者相关资产的所谓稳定币也缺乏透明性，各种算法稳定币甚至是空气币交易容易演变成金融欺诈、非法集资，严重损害金融消费者利益和金融秩序。同时，由于虚拟货币交易天然跨国境、跨货币、跨金融机构，极大地增加了反洗钱、反恐怖融资、反逃税的监管难度，因此上述监管要求出台更是为了捍卫我国货币主权、维护跨境资本流动秩序、维护金融稳定所采取的举措。[①]

二、元宇宙中通过账户孪生模式实现价值流转的探索

（一）我国现阶段货币的流通是基于银行和非银行支付机构多中心化的账户体系

经过几十年的建设和探索，我国的金融账户制度体系和信息化基础设施建

---

① 谢端纯，苗启虎. 数字货币对跨境资金流动管理的影响与对策［J］. 海南金融，2021（2）：54-60.

设已经基本完备。我们通常都在银行和非银行支付机构开立账户，在支付账户中绑定银行卡或者其他资金渠道，支付或者转账场景下，根据资金渠道来源不同、收付款机构是否不同、是否有清算收单等机构参与，往往会形成不同的资金往来情形，涉及的法律关系和主体非常复杂，但其核心是在支付双方之外，有若干个中心化的机构协助记账完成价值的转移，即中心化簿记模式。我国银行和非银行支付机构账户在覆盖率、账户管理费率、银行卡防止盗刷管理等方面均优于全球大部分国家，我国非银行支付账户的应用场景丰富度和支持高并发的技术能力都大幅度领先世界各国。[①]

（二）元宇宙生态发展现状

目前，国内外元宇宙产业生态都呈现出类似的发展格局：互联网大型平台企业正在积极布局元宇宙生态平台和底层区块链基础设施，一些初创企业也在积极研发元宇宙生态中的具有发展潜力的垂直领域项目。例如，Meta 推出的平台设计软件"地平线"，微软推出 Mesh 元宇宙应用平台，百度已经打造了元宇宙世界的雏形"希壤"，还有蚂蚁、腾讯、百度、京东等大型互联网企业已经研发了开放区块链平台服务 BaaS（Blockchain as a Service），用户可以基于这些平台提供的能力打造细分领域的元宇宙应用。[②]

区块链公链项目基本都涉及通证作为虚拟货币载体价值流转的问题，国内各类监管规范性文件对此已经作出了清晰的规定，所以目前国内元宇宙平台生态模式下，大部分应用都是基于联盟链模式。尽管区块链的去中心化特性决定了公链是区块链发展的优质土壤，但并不能就此断言，联盟链项目就没有发展空间。联盟链有其稳定性、处理交易效率高等多方面的优势，2019 年《Libra白皮书》设计的运行管理思路初期也是联盟链模式。从消费者权益保护和社会经济秩序维度观察，目前国外基于公链的元宇宙、Web 3.0 项目很多并不适

---

① 温信祥. 新金融趋势 [M]. 北京:中国金融出版社，2018.

② 资料来源:《2021—2022 元宇宙报告:化身与智造　元宇宙坐标解析》，腾讯新闻、复旦大学新闻学院传播学系。

合在国内环境下运营。我们耳熟能详的去中心化组织（DAO）的社区型组织治理形态还需要更多的实践验证和文化融合；一些具有金融属性的项目，如DeFi（Decentralized Finance）模式的类金融机构、P2E（Play to Earn）模式的链游，很可能构成我国法律禁止的非法金融机构和非法金融业务，甚至异化为非法集资或者传销。我们比较认可元宇宙、Web 3.0是未来价值互联网的一种可能形态，但其过程不会以"寒武纪创新爆炸"的方式扑面而来，而是一个逐渐孕育成熟的过程。

（三）联盟链模式给了元宇宙平台企业与银行账户体系合作的空间

元宇宙应用平台在提供 BaaS 服务的过程中，可以与银行合作提供链下账户体系与链上用户身份的映射关系，形成一种账户孪生系统。用户链上消费、购买游戏装备或者 NFT 等生态场景，链上收银台将交易指令传递给银行，银行侧完成不同用户之间账户内资金增减记账，记账结果发送回链上，链上可以通过智能合约验证后实现链上通证同步在用户之间流转，完成一笔链上链下同步的支付。该模式下，交易发生在元宇宙，支付流程通过账户孪生关系，在元宇宙和链下"异步"完成，既完成了价值转移，又达到了链上通证无币化，方案整体上具备落地实施的合规基础。

当然，此种模式设计还有很多操作层面的合规要点需要特别关注，如与银行账户管理制度的适配性等问题。[①] 2015 年 12 月，中国人民银行发布《关于改进个人银行账户加强账户管理的通知》，将个人银行账户种类划分为 Ⅰ、Ⅱ、Ⅲ类三类银行账户。2016 年 9 月至 2019 年 3 月，中国人民银行陆续发布了六项关于银行账户分类管理制度的要求，详细规定了 Ⅰ、Ⅱ、Ⅲ类个人银行账户的开立、身份验证、绑定、金额与用途限制、开户与撤销等要求。简言

---

① 巴曙松，姚舜达．央行数字货币体系构建对金融系统的影响［J］．金融论坛，2021（4）：3-10.

之，个人在一家银行只能开一个Ⅰ类账户，并且原则上银行需要面签面核；Ⅱ、Ⅲ类账户可以远程开立，但是有单日额度、年度额度、同名入金、账户余额、异名出金额度等多种限制。上述三类银行账户开立和交易规则，基本上都无法满足元宇宙平台生态模式账户孪生的业务逻辑。

其实银行账户系统经过几十年的发展，其产品多样性和逻辑的复杂程度远超我们的一般认知，除了上述三类个人银行账户，银行账户还有子账户体系、虚拟账户体系。我们可以参考2017年原中国银监会发布的《网络借贷资金存管业务指引》中规定的一级账户与二级子账户体系模式。平台方可以在合作银行开立一级账户，平台内用户在合作银行开立二级子账户，子账户的主要功能是实现资金存入、交易、转出明细的登记，从而起到对平台内用户资金权属、资金额度的明确界分作用。平台内用户通过平台系统向银行发出资金变动指令，银行按照约定的形式审查要素完成资金变动操作。虽然上述银行资金存管指引出台后不久，由于网络借贷行业整体出清，上述基于银行子账户体系的资金存管业务并没有机会大范围开展，但该业务逻辑为元宇宙账户孪生的构造提供了一个探索方向。元宇宙平台可以与银行沟通合作，通过将元宇宙链上用户身份和链下平台在银行一级账户下挂的每个用户的二级子账户映射模式，为元宇宙平台生态下价值流转提供一个探索方案。

必须注意的是，元宇宙平台企业与银行合作的账户孪生模式，需要特别考虑平台内用户动账指令的发送、资金清分的主体、信息流与资金流的系统设置等问题，避免因涉及支付"二次清算"的合规风险。[①] 2017年11月，中国人民银行办公厅发布《关于进一步加强无证经营支付业务整治工作的通知》，提出无证机构以平台对接或大商户接入支付机构或商业银行，留存商户结算资金，并自行开展商户结算的行为应当被认定为无证经营支付业务。此前上海某大型电商平台和北京某大型外卖平台都曾因"二次清算"构成无证经营支付

---

① 中国人民银行关于《非银行支付机构条例（征求意见稿）》公开征求意见的通知［EB/OL］. 中国人民银行网站［2021-01-20］. http://www.pbc.gov.cn/rmyh/105208/4166553/index.html.

业务而被中国人民银行要求整改。

上述元宇宙平台企业与银行合作的账户孪生模式仅就平台内个人账户模式展开探讨，按照监管规定，对于企业账户的开立，一般银行远程开立受限，一些无线下实体网点的互联网银行有一些试点安排，限于篇幅，不再展开论述。

（四）元宇宙平台与非银行支付机构合作账户孪生的合规路径探索

从 2010 年 6 月中国人民银行发布《非金融机构支付服务管理办法》开始，中国经历了非银行支付行业爆发式的发展阶段，高频、小额、多场景资金支付维度客观上支撑起十年来消费互联网行业的高速增长。基于非银行支付行业从创新中诞生，基因中蕴含了创新的原动力，如果上述元宇宙平台与银行账户孪生的合作模式，转由支付机构参与业务模式构建，会在合作框架内更好地发挥创新的动能。

元宇宙应用平台在提供 BaaS 服务的过程中，每一位用户在区块链上有一个元宇宙账户，在链下与合作的支付机构同步创建或绑定一个支付账户，元宇宙账户与支付账户形成孪生关系。链上的交易活动，在收银流程中由用户发起指令，通过系统对接传递给链下支付机构，支付机构按照交易指令完成常规的资金流转，然后将交易完成状态再传回链上，作为链上交易智能合约的触发条件，完成链上通证转移。另一种相似的支付模式构造，可以将支付机构作为元宇宙应用平台联盟链中的一个验证节点，用户支付的验证结果作为交易智能合约的触发条件，完成链上通证转移，从而完成交易过程。这两种支付模式下，平台如果需要抽佣，可以通过与支付机构、用户三方约定平台抽佣规则，在支付机构侧完成平台抽佣分成。

上述交易模式中，由于交易的资金流和信息流都是由持有支付牌照的支付机构处理，用户资金不经过元宇宙应用平台余额账户，具备满足支付合规条件的基础。由于链上通证承载信息流，但不承载货币价值，基本达到链上无币化的交易合规要求。

上述元宇宙平台与支付机构合作账户孕生的创新价值在于构造了信息流与资金流双层架构的业务模式。简单而言，对于元宇宙平台用户购买了一款 NFT 或者数字时尚单品的场景，可以在收银台拉起任一合作支付渠道直接付款。上述业务模式设计看似没有增量价值，但是在更复杂的链上交易场景中，如一笔交易涉及多方主体，并且交易链路是串行或者串并结合的模式，交易发起方通过联盟链同时将交易信息发给交易各个参与方，各个参与方协同并行处理交易信息，合作支付机构在支持交易资金传输和验证后，触发链上智能合约，各个协同参与方同步完成交易。整个交易过程中，资金流与信息流是分层进行的，业务模式的原理具备合规基础。

元宇宙平台与支付机构合作或者与银行合作各有优势。虽然银行账户是线下交易时代的产物，账户开立到复杂业务的办理或者 KYC（了解你的客户）反洗钱等工作，理念上更多还是信赖线下临柜办理，但是近年来银行系统经历了信息化和互联网化的改造，创新能力和创新意愿大为增强，并且系统稳健性更具有优势。支付机构诞生于互联网电商业务，成长于移动互联网时代，整个业务逻辑和技术改造能力更适配元宇宙时代。

三、未来我国元宇宙中价值流转的趋势

综合以上分析和探索，在目前国内金融监管框架下，元宇宙中通过与银行合作或与支付机构合作实现资金流转都具有一定的可行性，但还有很多合规细节需要更多的研究落实到具体业务产品中。其中最核心的问题是元宇宙中区块链通证在价值互联网世界里，是否可以同时承载信息与价值。

我们设想，未来出路在于央行数字货币（Central Bank Digital Currencies，CBDC）。前文在论述虚拟货币价值波动风险的时候，我们没有展开论述价值锚定一种或者一篮子法定货币的稳定币在国内元宇宙中应用的可能性，是因为目

前国内还没有合规的稳定币。但是国外基于区块链技术的稳定币项目已经相对较多。有学者提出，稳定币的终极版本就是央行数字货币。[①] 近年来多个国家都在研究稳定币和央行数字货币，目的在于探讨稳定币对金融消费者以及更广泛的金融系统的风险，引入央行数字货币可能对支付系统、经济增长、金融稳定和国家安全的影响。[②] 中国人民银行在 2014 年已经成立了法定数字货币研究小组，近几年来已经在多个城市和大型场景中开展了央行数字货币试点工作。[③] 2021 年 7 月，中国人民银行发布的《中国数字人民币的研发进展白皮书》披露，我国央行数字货币可以加载与货币相关功能的智能合约，并且已经与国内几家互联网银行开展了业务试点测试。[④] 我们可以相对乐观地预期，在日趋激烈的国际竞争格局下，我国一定会把握主动和先发优势，赢得中央银行数字货币的先机，并且会兼顾元宇宙发展中资金流转的功能适配和制度安排。[⑤]

---

① 谢端纯，苗启虎. 数字货币对跨境资金流动管理的影响与对策［J］. 海南金融，2021（2）：54-60.

② 姚前. 法定数字货币对现行货币体制的优化及其发行设计［J］. 国际金融研究，2018（4）：3-11.

③ 中国数字人民币的研发进展白皮书 媒体吹风会文字实录［EB/OL］. 中国人民银行网站，［2021-07-16］. http：//www. pbc. gov. cn/goutongjiaoliu/113456/113469/4294165/index. html.

④ 中国人民银行数字人民币研发工作组. 中国数字人民币的研发进展白皮书［R/OL］.［2021-07］. https：//www. gov. cn/winwen/2021-07/16/5625569/files/e944faf39ea34d4ba256c2095fefeaab. pdf.

⑤ 姚前. 数字货币与银行账户［J］. 清华金融评论，2017（7）：63-67.

Surfing Web 3.0
with
Metaverse Compliance Guideline

第三篇 │ 场景篇

第五章

元宇宙时代的中国本土文艺复兴

——文物类数字藏品的合规路径选择

3D 扫描、VR 全景等数字化技术为文物传承再添生机，NFT 的出现也为文物价值承载提供了新的可能。继 2021 年湖北省博物馆通过支付宝鲸探小程序发布"越王勾践剑"文物数藏引发 60 万人次抢购 3 秒售空后，2022 年新春伊始，支付宝联合 24 家博物馆开展"集五福"活动，连续发布"虎文物"等多款 3D 数字藏品。① 文物数藏市场不断升温，技术创新使得拥有一段"历史"成为可能。而继国家文物局明确"文博单位不应直接将文物原始数据作为限量商品发售"② 后，如何实现文物数藏合规发展，平衡文物保护与科技创新成为了行业关注的重点。

一、文物数藏——文物数字化发展的"新引擎"

（一）文物数藏的发行情况

自 2021 年 9 月，国内首款文博类数字藏品在"云游敦煌"小程序推出之后，文博类数字藏品迅速发展，已经成为文博单位推动数字化进程的"新引擎"。如表 5-1 所示，从故宫博物院到地方博物馆，各大博物馆（院）都在纷纷尝试将文物与数字藏品进行结合并借助互联网平台进行发布，以赋予传统文

---

① 最会玩五福的，竟是中国最"古老"的他们 [EB/OL]．[2022-05-26]．https://open-docs. alipay. com/b/03algt.

② 文博单位不应直接将文物原始数据作为限量商品发售 [EB/OL]．[2022-04-13]．https://mp. weixin. qq. com/s/5hZL5kAvskh7ZXXm9TWnYA.

化新潮能量。①

	表 5-1	数字文创发布情况		
平台名称	授权方	代表性文物数藏	平台入口	区块链
鲸探（阿里）	中国国家博物馆、河南博物院、湖南省博物馆、甘肃省博物馆等 28 家中国一级博物馆（院）	华夏瑰宝系列共计 33 款数字文创产品等	鲸探 App、支付宝	蚂蚁链
幻核	中国国家博物馆、湖南省博物馆、西安博物院等	国博衍艺系列、长沙窑系列、数字铜镜系列等	幻核 App、微信公众号	至信链
百度	秦始皇帝陵博物院、西安博物院、甘肃省博物馆、山东博物馆等	"跪射俑""八瓣仕女狩猎纹银杯""人面鲵鱼彩陶瓶""青玉如意"等 36 款限量版数字藏品	百度 App	百度超级链
Hi 元宇宙（博骏）	法门寺博物馆、南京市博物总馆、广州东方博物馆等	《唐·鎏金银龟盒》《三代越王剑（3D）》《南朝·青瓷莲花尊》等	Hi 元宇宙 App、Hi 元宇宙官网	骏途链
元视觉（视觉中国）	敦煌博物馆、三星堆博物馆	《丝路明珠·国潮敦煌》系列、三星堆系列等	微信公众号、元视觉官网	长安链
唯一艺术	四川博物馆、宁夏回族自治区博物馆、青铜器博物馆等	虎年系列、丰子恺系列等	唯一艺术 App、唯一艺术官网	公链
麦塔	敦煌博物馆	敦煌系列等	麦塔 App	公链
数藏中国	古陶文明博物馆、昭陵博物馆	汉代四神瓦当 3D 盲盒系列、骑马俑系列盲盒等	微信公众号、数藏中国 App	BSN 联盟链
千寻数藏	秦始皇陵博物院	《归一·兵马俑》《郑板桥·竹石图》等	千寻数藏 App	BSN 联盟链
秦储	杨家将历史博物馆、龙泉寺博物馆等	商代四羊尊、秦岭四宝系列等	秦储 App	秦储链
阿里拍卖	中国文物交流中心	圆明园十二兽首系列	阿里拍卖 App、淘宝	蚂蚁链

---

① 文博领域的数字藏品有多"内卷"？[N/OL]. 中国日报网，[2022 – 06 – 02]. http://tech.chinadaily.com.cn/a/202206/02/WS62986c/aa3101c3ee7ad8a0e.html?from=groupmessage.

（二）文物数藏的多种形式

文物数藏的形式也随着监管关注和市场需求相应发生转变，从"原版再现"更多向"衍生创作"迈进（见表5-2）。使用文物本身的图片或者3D建模所形成的数字藏品，形式较为单一，与文化创新仍有一定的距离，同时也引发了文物"公益性"与"商业性"冲突、不利于文物保护等争议。而在国家文物局进一步明确"文博单位不应直接将文物原始数据作为限量商品发售"的底线原则后，监管和市场都对文博数字藏品提出了更为严格的需求，如何通过创新为文物数藏增加新的价值内涵成为行业探索趋势。①

表5-2　市场上发行文物数藏的主要形式		
形式	特点	代表性文物数字藏品
原版复制型	对馆藏国画进行数字化，以图片形式呈现	灵境藏品：《早春图》 千寻数藏：《竹石图》
	将博物馆馆藏文物外形进行3D建模复现	Hi元宇宙：《三代越王剑（3D）》
二次创作型	基于博物馆馆藏文物授权，进行二次创作发行	唯一艺术：《国潮故宫冰嬉图》
赋能文创型	与博物馆等文创作品结合，赋能文创作品	数藏中国：《骑马俑系列盲盒》
独立创作型	完全独立进行创作、设计成与博物馆馆藏文物风格类似的成品	幻想博物馆：《秦·虎猫俑》

（三）文物数藏的参与主体和博物馆的作用

1. 文物数藏的参与主体

（1）版权方：为享有文物相关知识产权权益的权利主体。鉴于文物所涉及的知识产权权益类型相对多样，实践中除博物馆外，文物摄影作品、文创作品等相关权利主体也常作为版权方参与数字藏品市场相关活动。

---

① "数字藏品"成为博物馆文化传播新路径［EB/OL］.［2022-06-05］. https://mp.weix-in. qq. com/s/Qxyoo7U61kK8o_LeWn8cJQ.

（2）发行方：基于文物及相关元素，面向市场发行文物数藏的主体。版权方与发行方可以是同一主体，但考虑到商业运作的效率，版权方通过授权或者委托的方式通过第三方进行文物数藏发行也较为常见。

（3）数藏平台：作为平台连接发行方与用户，为双方进行文物数藏交易提供技术支持、信息撮合等服务。

2. 博物馆在馆藏文物数字藏品中的角色

根据文物数藏市场的主流实践，博物馆在馆藏文物数字藏品的发行中，承担的角色类型通常有以下三类：

（1）授权方：博物馆作为版权方授权第三方机构创作和/或发行文物数藏。

（2）创作方：博物馆自行进行创作后，委托第三方机构发行文物数藏。

（3）创作方和发行方：博物馆作为版权方，直接发行或创作后发行文物数藏。

二、文物数藏的监管政策与趋势分析

（一）文物数字化相关监管规范性文件

文物数字化相关监管规范性文件如表5-3所示。

表5-3 文物数字化相关监管规范性文件梳理			
监管规范	发布主体	效力级别	相关内容
《中华人民共和国文物保护法（2017年修正本）》	全国人民代表大会常务委员会	法律	第四条　文物工作贯彻保护为主、抢救第一、合理利用、加强管理的方针
《中华人民共和国文物保护法实施条例（2017年修正本）》	国务院	行政法规	第三十五条　为制作出版物、音像制品等拍摄馆藏文物的，应当征得文物收藏单位同意，并签署拍摄协议，明确文物保护措施和责任。文物收藏单位应当自拍摄工作完成后10个工作日内，将拍摄情况向文物行政主管部门报告

监管规范	发布主体	效力级别	相关内容
《关于推进实施国家文化数字化战略的意见》	中共中央办公厅、国务院办公厅	规范性文件	鼓励多元主体依托国家文化专网，共同搭建文化数据服务平台，汇聚文化数据信息，集成同文化生产适配的各类应用工具和软件，提供文化资源数据和文化数字内容的标识解析、搜索查询、匹配交易、结算支付等服务，实现跨层级、跨地域、跨系统、跨业态的数据流通和协同治理，并与互联网消费平台衔接，为文化数字内容提供多网多终端分发服务，对平台消费数据进行分析加工，提供精准数据分析服务。支持法人机构和公民个人在文化数据服务平台开设"数据超市"，依法合规开展数据交易 文化产权交易机构要充分发挥在场、在线交易平台优势，推动标识解析与区块链、大数据等技术融合创新，为文化资源数据和文化数字内容的确权、评估、匹配、交易、分发等提供专业服务。公共文化资源数据要依法向公众开放，公共文化资源数据开发后的交易要把社会效益放在首位
《关于加强文物保护利用改革的若干意见》	中共中央办公厅、国务院办公厅	规范性文件	（十三）加强科技支撑。将"文化遗产保护利用关键技术研究与示范"纳入国家重点研发计划，建设文物领域国家技术创新中心和国家重点实验室。充分运用互联网、大数据、云计算、人工智能等信息技术，推动文物展示利用方式融合创新，推进"互联网+中华文明"行动计划
《"十四五"文物保护和科技创新规划》	国务院	规范性文件	加快推进博物馆藏品数字化，完善藏品数据库，加大基础信息开放力度。……推动博物馆发展线上数字化体验产品，提供沉浸式体验、虚拟展厅、高清直播等新型文旅服务
《关于进一步加强文物工作的指导意见》（国发〔2016〕17号）	国务院	规范性文件	大力发展文博创意产业。深入挖掘文物资源的价值内涵和文化元素，更加注重实用性，更多体现生活气息，延伸文博衍生产品链条，进一步拓展产业发展空间，进一步调动博物馆利用馆藏资源开发创意产品的积极性，扩大引导文化消费，培育新型文化业态。鼓励众创、众筹，以创新创意为动力，以文博单位和文化创意设计企业为主体，开发原创文化产品，打造文化创意品牌，为社会资本广泛参与研发、经营等活动提供指导和便利条件。实施"互联网+中华文明"行动计划，支持和引导企事业单位通过市场方式让文物活起来，丰富人民群众尤其是广大青少年的精神文化生活

监管规范	发布主体	效力级别	相关内容
《博物馆馆藏资源著作权、商标权和品牌授权操作指引（试行）》	国家文物局	规范性文件	馆藏资源是指博物馆登记备案的所收藏、管理、保护的不可移动和可移动文物、艺术品等，以及在此基础上二次加工得到的，以语言、文字、声像等不同形式记载的藏品状态、变化特征及其与客观环境之间的联系特征等藏品本身蕴含的原始信息，或者经过加工处理并通过各种载体表现出来的信息，包括与之相关的文件、资料、数据、图像、视频等信息资源，包括实物和数字化信息馆藏资源著作权是指博物馆馆藏资源构成作品而依法产生的专有权利，其中包括：属于馆藏资源的作品，该作品仍处于著作权保护期内且博物馆拥有对其处置权而获得的著作权；博物馆对馆藏资源以摄影、录像、数字化扫描等方式进行二次创作而获得的作品的著作权
《关于推动数字文化产业高质量发展的意见》（文旅产业发〔2020〕78号）	文化和旅游部	规范性文件	支持建立产学研用协同合作的产业技术创新联盟，推动跨行业、跨部门、跨地域成果转化。支持5G、大数据、云计算、人工智能、物联网、区块链等在文化产业领域的集成应用和创新，建设一批文化产业数字化应用场景
《关于防范NFT相关金融风险的倡议》	中国互联网金融协会、中国银行业协会、中国证券业协会	行业自律性文件	践行科技向善理念，合理选择应用场景，规范应用区块链技术，发挥NFT在推动产业数字化、数字产业化方面的正面作用。确保NFT产品的价值有充分支撑，引导消费者理性消费，防止价格虚高背离基本的价值规律。保护底层商品的知识产权，支持正版数字文创作品。真实、准确、完整披露NFT产品信息，保障消费者的知情权、选择权、公平交易权
《中华人民共和国文化产业促进法（草案送审稿）》	司法部	草案	第二十一条 【创新手段】国家鼓励创作生产与数字化、网络化、智能化的新技术、新应用、新业态、新模式有机融合，丰富创作生产手段和表现形式，拓展创作生产空间

（二）文物数藏监管趋势分析

基于上述监管及规范性文件，对于文物应当始终坚持"保护为主、合理利用"的基本原则，在以公益属性为导向的前提下，鼓励文物保护的技术创新及文化创新。国家文物局及相关单位都积极鼓励对文物开发和利用进行创新，推动文物展示利用方式融合创新，支持 5G、大数据、云计算、人工智能、物联网、区块链等在文化产业领域的集成应用和创新，鼓励博物馆利用馆藏资源开发创意产品，激发博物馆创新活力，盘活用好馆藏文物资源。文物数藏作为文物数字化的一种表现形式，对于赋能文物价值具有积极作用，有利于促进文化创新和历史传承，监管本意在于引导市场理性发展。结合国家文物局公开传达的会议精神，从文物保护的角度出发，不应当将文物原始数据作为限量商品出售，也意味着文物数藏不应当将"文物"本身的稀缺性作为其唯一价值来源，并附加"限量""绝版"条件进行商业概念炒作，而应当立足于历史文化底蕴，通过技术创新实现新的创作，在合规的前提下实现持续发展。

三、文物数藏合规要点

（一）符合 NFT 相关监管要求

文物数藏的本质仍然是 NFT，因此开展文物数藏发行、交易等活动仍然需要满足 NFT 的相关监管要求。除不得触碰虚拟货币相关业务活动红线外，发行文物数藏不得存在金融化证券化倾向，包括文物数藏不得包含金融资产，不得通过分割所有权或者批量创设的方式削弱文物数藏的非同质化特征而增强其金融属性。相关发行方及数藏平台在开展文物数藏交易时，需要履行保存客户身份资料和发行交易记录等反洗钱义务。

（二）不得直接将文物原始数据作为数字藏品

2022 年 4 月 12 日，国家文物局针对数字藏品发展现状，围绕文博机构的公益属性、数据安全、消费者权益等问题进行了深入讨论，提出了四点重要要求：第一，文博单位不应直接将文物原始数据作为限量商品发售；第二，文博单位应积极推进文物信息资源开放共享；第三，在文物信息资源开发利用中，文博单位要坚持公益属性；第四，确保文物信息安全。这次座谈会释放出两个重要信号：一是对文博单位的发售进行了限制，文博数字藏品将从野蛮生长期进入理性成长期；二是对文博数字藏品提出了二次创作的需求，要以科技赋能文物的文化历史价值，而非简单地照搬复制。

目前，国家对馆藏文物数字化持"鼓励+引导"态度，要强化馆藏文物数字藏品的文化属性，弱化其金融属性。在发行馆藏文物数字藏品时，尽量避免直接使用文物原型，要充分利用文物资源进行二次创作，产生具有新的文化价值的数字藏品。

（三）取得权利人同意和授权

《中华人民共和国著作权法实施条例》第十五条第二款规定："著作权无人继承又无人受遗赠的，其著作人身权由著作权行政管理部门保护。"目前绝大多数馆藏文物均已过著作权保护期，依照此条规定，博物馆有权对馆藏文物的著作权进行保护，在文物作者及其继承人不明的情况下，作为国家授权的文物管理者的博物馆在一定程度上可以行使馆藏文物的著作权，进行合理的处置和利用。

《博物馆馆藏资源著作权、商标权和品牌授权操作指引（试行）》（以下简称《操作指引》）对馆藏资源的含义、著作权及其授权都进行了明确规定。《操作指引》第 1.5 条规定："馆藏资源著作权是指博物馆馆藏资源构成作品而依法产生的专有权利，其中包括：属于馆藏资源的作品，该作品仍处于著作权保护期内且博物馆拥有对其处置权而获得的著作权；博物馆对馆藏资源以摄影、录像、数字化扫描等方式进行二次创作而获得的作品的著作权。"换言之，尽管博物馆对于其馆藏的已经过了著作权保护期的藏品不直接享有著作权，但是其对于基此形成的数字化作品享有著作权。

《操作指引》第 2.1 条规定："博物馆馆藏资源著作权可体现在数字信息资源上。数字信息资源包括以数字化处理的博物馆藏品和博物馆建筑的文字介绍、图像、视频、三维模型等，以及对博物馆藏品的文化内涵、与藏品相关的文化背景、博物馆的文化内容，进行深度发掘和梳理的一切资料的数字化资源。博物馆可以将数字信息资源的著作权对外授权，获得相关收益。"

根据《操作指引》和《中华人民共和国著作权法实施条例》，馆藏文物的著作权是由博物馆享有或代为行使的，可以授权其他主体来行使文物著作权等相关权利。因此，馆藏文物数字藏品的制作需要取得所属博物馆的同意与授权。

《中华人民共和国文物保护法实施条例（2017 年修正本）》第三十五条规定："为制作出版物、音像制品等拍摄馆藏文物的，应当征得文物收藏单位同意，并签署拍摄协议，明确文物保护措施和责任。文物收藏单位应当自拍摄工作完成后 10 个工作日内，将拍摄情况向文物行政主管部门报告。"如果需要对文物进行 3D 扫描或者拍摄以制作数字藏品，应当征得文物收藏单位同意并签署拍摄协议，明确文物保护措施和责任。

（四）合法利用文物资源

《中华人民共和国文物保护法（2017 年修正本）》第七条规定："一切机关、组织和个人都有依法保护文物的义务。"在制作发行文物类数字藏品时，相关主体一定要切实履行对文物的保护义务，充分认识到文物所蕴含的特殊文化价值和精神内涵，所制作发行的数字藏品不能恶意歪曲、篡改、恶搞文物，或将文物用于不当用途，以免伤害大众情感，违反法律法规。

四、结语

当古老的文物遇上区块链技术，馆藏文物在元宇宙来临之际焕发出新生。文物本身具有的天然艺术价值和文化价值，与 NFT 的藏品属性不谋而合。发行文物类数字藏品已经成为各家博物馆和各个数藏平台稳赚不赔的买卖。从博物馆文创周边，到虚拟博物馆，再到今天的文物类数字藏品，数字时代给原本沉寂的文博领域投下了一颗深水炸弹。随着各大博物馆纷纷入局数字藏品赛道，知识产权争议、金融炒作风险这些传统合规问题不出意外地又在"元宇宙+文物"领域再次上演。如何在创新的同时守住法律底线，如何通过数字藏品让我们的历史文化产生更多价值、真正"出圈"，是每个元宇宙时代参与者和观察者不得不面对的重要议题。

第六章

区块链技术与全球新金融领域应用回顾与展望

自 1976 年密码学的新方向在学界兴起后，随着信息加密技术的成熟，点对点传输与分布式存储计算逐渐普及，全球经济规模持续扩大，金融发展需求旺盛，资产范畴不断扩大，依托于区块链底层技术的数字货币应运而生并不断演变。经过多年的持续发展，现已在新金融领域中拥有一席之地，并在全球金融博弈中扮演了重要角色。

自 2019 年 10 月中共中央政治局就区块链技术发展现状和趋势进行了第十八次集体学习后，各地方政府均在不同程度上推广了区块链技术的研发和落地应用。由于数字货币在赛博空间与物理空间价值交换过程中的便利性，已使其成为与区块链技术相生相伴的客观存在。本章旨在通过分类法对数字货币在全球新金融领域中的应用进行阐述，并提出其所面临的风险。

一、数字货币在新金融领域中的发展回顾

目前，全球数字货币超过 9000 亿美元，其中比特币（Bitcoin）市值超过 3730 亿美元，占整个数字货币市值的近 40%，具有绝对的主导地位，因此经常被冠以"电子黄金"的称号。[①] 对于这类没有实际价值锚定的加密资产来讲，其价值标定就是基于规模性投资者共识。除个人投资者之外，近年来多家

---

① 加密数字市场信息平台统计［EB/OL］.［2022-10-10］. http://coinmarketcap.com/currencies/bitcoin/.

机构投资者纷纷入场，最有代表性的就是灰度基金（Grayscale Investments）。据统计，该基金提供包括比特币、比特现金、以太坊、以太经典等九类数字货币信托基金，截至目前，其比特币基金持仓量超过 37 万枚（约占比特币总量的 1.8%），以太坊超过 17 万枚，是目前全球最大的合规加密资产信托基金。该基金的母公司是加密货币领域内极具有影响力的投资集团 DCG（Digital Currency Group），该基金服务的客户主要为合格的机构或个人投资者，虽然自其比特币基金推出后，对于二级市场一直有较高的溢价，但其投资动向和布局仍具有风向标意义。

同时，据 Bvaluate 数据中心统计，目前全球数字货币已发币项目共 14255 个，中国涉币项目（实控人或实控团队为中国人）1269 个，中国俨然已经成为涉数字货币项目最多的国家。

数字货币市场内的个人投资者和类似上述的机构投资者共同运作，推动数字货币不断发展。但是，数字货币并非仅存在于投机性投资中，按照数字货币的应用类型可以将其分为五大类，分别是交易支付型、原生资产型、锚定资产型、类股权型、交易平台型。

交易支付型：早期以流通目的为主，靠算力"挖矿"广泛共识所产生的币种，如比特币、莱特币及其分叉币。由于其存在时间长，全球共识基础稳定，市场认可度高，使其可在赛博空间中被广泛应用。其在赛博空间价值具有对应物理空间中黄金、白银等硬通货地位，其在各网域交易市场中的支付属性、在全球各数字货币交易所中的投资价值均已被全球市场广泛认可。

原生资产型：公链自身所产生的原生资产，主要依附于其公链自身的生成机制，并作为公链上各个应用的价值燃料流通，如以太坊。

锚定资产型：多以应用于支付、兑换场景的稳定币为主，通过与指定主权货币或其他数字货币进行锚定发行，锚定资产有美元、韩元、人民币、比特币、以太坊等，但其锚定发行的业务模式合法性值得商榷。例如，人民币稳定币（如 BitCNY）在我国的现行法律框架下是不合法、不合规的，在监管缺失的情况下，这类数字货币发行方在实名认证（KYC）、反洗钱策略（AML）等执行方面存在不规范问题的同时，在我国还有人民币与外汇兑换以及支付牌照缺失等问题，均与我国的主权货币政策相背离。

类股权型：将数字货币作为底层公链或上层应用的治理工具之一，持有者可参与投票治理，维护公链或产品的稳定性，同时也获得持有利息，如波场、EOS、Synthetix 等。

交易平台型：特指数字货币交易所发行的"平台币"，这类数字货币往往是靠交易所的信用来背书，交易所在整个数字货币生态中扮演了绝对重要的角色，场景覆盖从现货交易到衍生品再到 OTC，已形成自身的商业化生态。由于大型交易所的商业运作机制相对成熟也较自律，其全球品牌效应亦有一定影响力，这降低了其所发行平台币的归零风险；但由于各国监管条例出台的时间差，其平台币仍有较大的中心化操控风险。

二、去中心化金融的兴起

去中心化金融场景（Decentralized Finance，DeFi），又称开放式金融（Open Finance），是自 2019 年下半年起大规模出现在各类媒体报道中的一种去中心化、点对点的价值传输形式。我们可以认为它是"区块链+金融"的新兴服务模式。2020 年，这类由去中心化的金融场景演变而来的项目，更是得到了境外投资者的青睐。

DeFi 应用的是开源技术，旨在通过引入去中心化层来去中介化，消除寻租中间人，从而在各个方面改善目前的金融体系。以跨境支付为例，当一个人给位于另一个国家的人汇款，一般都需要找金融机构来完成这一支付任务，但金融机构会收取一定费用作为回报。但是，DeFi 应用可以把整个汇款过程去中介化，他或者她从自己的钱包直接发送数字货币给收款人，不需要金融机构居间服务。

目前，DeFi 主要在以太坊网络生态内较为活跃，大量的 DeFi 头部项目均是在以太坊上开发。经过几年的探索和发展，DeFi 领域有了大量的产品布局，如借贷服务、稳定币、保险、金融衍生品等，其生态内锁仓量也屡创新高。

综合而言，DeFi 的目的是实现数字资产在零信任前提下的自由兑换，利用智能合约取代中心化结算或中介，做到提升效率、降低成本的平衡。

三、去中心化金融应用现状

DeFi 在兴起之后如借东风，经历了迅猛的发展。2019 年可称为"DeFi 元年"。这一年，DeFi 成为区块链行业的最大热门，赋予区块链行业较大的市场活力和想象空间。其锁仓资金规模从 2019 年初的 3.02 亿美元飙升至 2019 年末的 9.31 亿美元，2020 年 6 月，DeFi 项目锁仓价值更是增长至 25 亿美元，较年初增幅 100%。排名前三的项目 Compound、Maker、Synthetix 锁仓价值分别为 7 亿美元、6.3 亿美元、4 亿美元，三者锁仓价值总计占比约 70%。截至 2022 年 8 月，全网 DeFi 协议锁仓量共计 690 亿美元。其中，以太坊上的锁仓量占全网总量的 58.26%，排第二与第三的则分别是 BSC 与 Tron。

发展至现阶段，DeFi 的主要使用场景在借贷领域，且以抵押贷为主。例如，用户通过抵押指定的数字资产，换取其他数字资产，到期后贷款人（Borrower）需将资产归还，并支付一定的利息，借款人（Lender）可获得借款利息，而去中心化的平台方则会获得两者的利息差。

四、去中心化金融应用场景分类

DeFi 以数字货币为主体，这一点毋庸置疑。数字货币的可应用方向使得 DeFi 的应用场景运作具有可能性。基于前文所述数字货币的可应用类型，DeFi 提供了更具体和更具操作性的应用场景，主要分类如下：

（一）资金池、借贷池类

以 Compound 为例，Compound 协议是基于以太坊建立的各种货币市场，每个市场中只有同一种 ERC-20 代币，Compound 协议通过算法给出各个市场的借贷利率。

无论是贷款（borrow）还是放贷（lend），都与 Compound 协议直接打交道。这一点区别于一些点对点的协议。

用户可以通过抵押一定的资产来贷款，协议采用超额抵押的方式，尽量保证协议内各个市场的流动性和稳定性。

（二）合成资产类

所谓的合成资产，是指模拟某种基础资产价格变化的资产，如 Synthetix 系统就是一个合成资产系统。

合成资产的需求主要源于交易，源于当不持有某种特定资产，却又希望捕获其资产价值时的特定需求。

（三）自动化做市商类

以 Uniswap 为例，Uniswap 协议是一个自动化的代币交换协议。其优势是为长尾资产创造内部流动性。Uniswap 协议以合约充当自动做市商，用恒定产品做市商机制对价格进行自动设定。Uniswap 协议中各个资产交换的价值标的通过合约中储备金计算得来。

目前，用户在 Uniswap 上可以交易 ETH 以及 100+种 ERC-20 代币。鉴于其上架交易的门槛较低，可能会出现"假币"的现象，这也给这类去中心化金融应用带来了一定的不稳定性。

（四）交易订单簿类

以 dYdX 项目为例，dYdX 是基于以太坊的去中心化金融衍生品交易平台。

其通过撮合机制来引导用户之间进行基于订单簿的交易，平台的资产借贷形式类似于 Compound，除此之外还提供期货合约交易，即通过以太坊智能合约来提供基于 ERC-20 代币的保证金交易。这类去中心化金融衍生品的交易在 DeFi 领域并不多见，其支持的数字资产也极为有限。

（五）去中心化暗池类

暗池是隐藏的交易所，旨在隐藏交易的细节，包括挂单、吃单、价格、规模等。而去中心化暗池则在隐藏交易信息的基础上做到了去中心化的特点。

Republic Protocol 便是采用在加密资产之间交易时进行原子交换的方式，虽然隐藏了交易的很多参数，但是仍然保证交易双方在可信的环境下进行交易，不必担心交易失败。

（六）去中心化预言机类

在很多 DeFi 协议中都涉及资产的兑换，这其中就需要计算抵押资产或者贷款资产的价值，而区块链上数据并不包含价格参数（价值=价格×数量），这就需要提供实时且准确可信的价格，并将价格参数同步到区块链上，而这类链上链下桥梁的作用就是预言机（Oracle）。作为 DeFi 各个环节中重要的一环，去中心化预言机的喂价就成了必不可少的部分，而如 Chainlink 的去中心化预言机除使用可信的执行环境、设计公平的奖惩机制之外，也提供天气数据、赛事结果等信息。

综上，从 DeFi 的中文译文即可理解，"去中心化"和"金融"是其最大的特点。其中，基于区块链技术的分布式网络、加密算法和共识机制，DeFi 可以实现去中心化，而"金融"则是 DeFi 主要应用于上述交易、借贷、资产合成、抵押、清算等金融业务的概括。

五、去中心化金融应用风险点

在 DeFi 丰富的应用场景之外，我们也需要注意到，DeFi 并不是绝对安全的，一方面它需要面对黑客攻击等传统互联网风险，另一方面还可能有基于区块链技术及去中心化金融服务机制而引发的其他金融性风险，可能存在的主要风险类型包括以下几个方面：

（一）黑客风险

2020 年，DeFi 领域黑客事件频发，比如对 dForce 的攻击，黑客利用智能合约漏洞盗取了 2500 万美元；一名黑客攻击了自动做市商平台 Balancer，利用闪电贷耗获取价值 50 万美元的数字资产。目前来看，大部分 DeFi 更像是零和游戏，即一旦锁定资产发生风险，便有可能全部清零。

根据 Chainalysis 的分析，2022 年第一季度，黑客从交易所、平台、私人机构就窃取了超过 13 亿美元的资产，其中绝大部分攻击都发生在 DeFi 领域。2020 年，有 30% 的虚拟货币窃取案件发生在 DeFi 协议上，而 2021 年这个数字上升到了 72%，2022 年这个数字上升到了 97%。[①] 虽然这些黑客并不是 DeFi 领域独有的，但鉴于目前 DeFi 协议中过亿美元的锁仓价值，这一层风险不可忽视。

（二）清算风险

除了黑客窃取资金外，DeFi 用户还可能面临清算风险。大部分借贷型 DeFi 产品中都有资产清算机制，即当抵押率（一般抵押率）小于临界值时，便会触发清算机制，而抵押率的重要参数便是抵押资产的价格。数字货币市场

---

① Chainalysis Team. Hackers are stealing more cryptocurrency from DeFi Platforms than ever before [EB/OL].[2022-04-14]. https://blog.chainalysis.com/reports/2022-defi-hacks/.

价格波动剧烈，即使大部分 DeFi 协议都采用超额抵押（大于等于 1.5 倍），其仍有资产被清算的风险。2020 年 11 月，开放式借贷平台 Compound 遭到黑客攻击后，超过 9000 万美元的加密资产被系统强制清算。据分析，黑客通过操纵 Coinbase Pro 上 DAI 的价格，导致 Compound 上抵押其他资产借出 DAI 的用户债务增加，某些杠杆率高的用户触发了清算门槛，黑客最终获利约 355 万美元。2022 年 6 月，传闻三箭资本在 Deribit、BlockFi 等借贷平台上的总清算额已经高达 4 亿美元，疑似因为市场波动出现运营与偿付问题。

（三）嵌套风险

鉴于目前的 DeFi 热，市场会有大量真假难辨的去中心化金融类产品，而各个 DeFi 协议之间互相嵌套也给本就新兴的 DeFi 领域带来更大的风险隐患，一旦作为被大量嵌套的底层 DeFi 协议出现风险，则会使多个 DeFi 协议同时崩溃，造成关联风险。

（四）诈骗风险

DeFi 正处于数字货币领域的风口，难免有不法分子打着去中心化金融的旗号，做着"中心化"资金盘的事。虽然很多 DeFi 采用的是"资金池+去中心化管理"的形式，但到了不法分子手里就变成了一个中心化资金池，在吸收了足量的投资者存款后卷款跑路；再加上大部分投资者都无法区分去中心化与中心化的本质，更是让这些不法分子有机可乘。这样的例子在中心化数字金融中就出现过，如资金盘项目 Plustoken 的利诱性市场引导，该项目通过对其项目自身的高息套利宣传，非法吸收投资者资金后卷款跑路，从而导致项目崩盘。

因此对于 DeFi 场景，除了要在市场教育中做足功课外，也要通过科技手段建立有效的风险识别模型，去发现和打击以"去中心化金融"为旗号的资金盘及诈骗项目。

综上，对于 DeFi 中的投资者而言，需要结合 DeFi 的实质去辨别"去中心化"与"金融"业务的真假，剔除蹭 DeFi 热点的传统中心化金融业务甚至诈骗。在经过辨别关口之后，投资者真正打算涉足 DeFi 业务时，还需要做好充分的风险准备，理解区块链技术的发展仍处于新兴阶段，不仅可能会遇到黑客攻击等传统互联网风险，还可能经历 DeFi 特殊运作机制传导产生的其他风险。

对于应用 DeFi 的机构而言，网络安全性是重中之重。传统金融投资业务中最基本的是要保证资产的安全。中心化机构可以控制资金的流向，并且追查到账户信息，但是去中心化金融却很难做到这些。如果资金被盗，由于数字货币的匿名性，并且转账无限制，最终很难追回。不仅如此，如果被盗金额巨大，还会造成市场恐慌，进而引发更多投资者的损失。因此，去中心化金融要保证用户资产的安全性，需要投入更多的时间和成本。

六、去中心化金融应用需要合规化发展

我们在阐述 DeFi 相关风险的同时，也应看到其为规避风险而不断做出的努力。随着去中心化应用的不断成熟，市场接受度不断提高，DeFi 在金融借贷领域中弱化了传统借贷中的人为风险，金融科技与区块链技术的结合起到了创新性作用。领先的 DeFi 协议已经成功地设法创建了多个利益相关者参与的激励系统，利用区块链的透明性、可溯源性，这些项目已经能够无权限地相互改进，加快了创新的步伐。

虽然最近关于 DeFi 及其代币的狂热可能会让一些人想起 2017 年的 ICO 热潮，但值得关注的是，这些协议实际上已经运送了创造价值的产品，这一点从它们的链上流转活动中就可以看出。另一个区别是，ICO 项目发起方在大多数情况下控制了代币的大部分供应，导致中心化操作风险。相反，DeFi 协议正在走去中心化治理的道路，这减少了其对创始人及创始团队的依赖。DeFi 协议正在创造更广泛和全面的机会，如处理支付、借贷、交易所和衍生品等。

　　尽管 DeFi 自身基于区块链技术已经尽可能地追求交易透明性、可溯源性以及避免可能中心化的倾向，但其看似良性健康增长的背后，仍有很大风险隐患。各国监管部门对风险监管机制以及交易合法性约束的缺失问题，将随着 DeFi 资金量增长而更加凸显。监管层面应从针对此类新金融场景中与实名认证及反洗钱相关的约束规定入手，进行小规模测试及风险建模评估实验，并通过固定支付通道对其出入金方式进行规范，不断深入研究，做到监管与发展同步，为新金融领域中的优质场景营造健康发展的环境；避免其像 P2P 一样野蛮发展、资金规模巨大，影响金融稳定等问题发生。

第七章
元宇宙中的教育实践场景与合规路径

元宇宙概念及相关技术方兴未艾，具体行业领域也在不断探索与元宇宙结合的新型场景及模式。教育行业因为其对施教受教交互性的高要求、对教学方式趣味性的追求以及教学领域的不断拓宽，与元宇宙范畴内的虚拟现实技术、增强现实技术、区块链技术具有高度适配性。

然而在教育行业与元宇宙技术结合的成熟商业案例较为有限的情况下，就已经出现借此噱头跟风炒作之趋势，让我们不得不关注该领域尚未全面展开的合规研究。基于此，本章将从我国传统教育行业的局限性出发，结合元宇宙及其相关技术的特点，分析其与教育行业结合的具体场景及应用模式，并依据现有的法律法规及相关规范性文件，简要探究元宇宙与教育结合下的新型生态合规要点。

一、传统教育形式局限性概述

（一）线下教育形式的局限性

师生面对面形式的传统线下教育一直是学校教育和各种教育培训机构的主要教学方式。

对于学校教育而言，师生矛盾、课堂管理、教育安全尤其是对青少年的保护等问题长久以来行业内没有探寻出更好的解决方案。

（二）线上教育形式的局限性

目前的线上教育本质上是将师生区分于线上、线下，通常是教师线上主动授课、解惑，学生在线下被动听课、提问。

这种形式往往存在师生互动弱、教学场景单一、学生体验感差等问题。但在新冠肺炎疫情防控期间，为了控制成本，大多数校外教育培训机构都已经采取了线上模式，有自己的 App 或 PC 端授课途径，部分机构探索直播授课以更大程度上增强师生实时互动性。

同时我们也注意到，因为《未成年人保护法》及"双减"政策的实施，校外教育培训机构求变心切，业务模式变革随之而来的便是技术要求的迭代，尤其是科学探究及益智类和职业教育教育培训产品的增加，单一、二维模式的线上教育包括直播形式已经很难解决交互性、实践性及体验感要求更高的授课需求。

面对新形势、新问题，无论是学校教育还是校外教育培训机构都在探索更好的解决方案。而元宇宙与教育具有天然适配性，在元宇宙教学中，师生以数字身份参与课堂，在虚拟教学场景中进行互动；VR 设备的引入能够充分重塑教学内容展现形式，学生可以通过虚拟现实技术更为真实地感受和理解。另外，虚拟空间的可塑性也催生了如 VR 智慧教室、虚拟仿真训练室等场景，将教学场景由一维、二维变为三维、四维，让教育真正突破具象要素的限制。

二、"元宇宙+教育"的场景及模式概览

元宇宙与教育结合的商业案例已经在国内外存在。如美国的 Roblox 打造了"游戏+虚拟教室"，旨在成为一个能让来自世界各地的学生实时协作的理想教学空间[①]。来自中国的少儿编程培训机构编玩边学推出了《玩学世界》，

---

① 千万美元投资三款教育游戏，Roblox 入局元宇宙教育市场［EB/OL］.［2021-11-17］. https://baijiahao.baidu.com/s?id=1716642877227958841&wfr=spider&for=pc.

打造 3D 沉浸式游戏化教育平台，在教育中融合游戏，方便学习者在 3D 仿真的世界里快乐地学习，全面打造孩子的感知化学习体验①。结合上述案例，下面将着重介绍三个典型应用场景及商业模式，以便读者初步了解元宇宙与教育结合的具体场景和结合方式。

（一）　VR 智慧教室与虚拟现实教学

将虚拟现实技术（包括 VR 头盔、VR 眼镜、VR 桌面交互一体机等软件技术与硬件设备）与教学相结合，搭建真正的智慧教室与虚拟课堂。

师生在智慧教室中均有对应的虚拟人物形象，而 VR 可以利用其仿真和交互特性，打造特定场景，将抽象的知识具体化，让教学不再单调枯燥。以历史、地理为例，智慧教室内 VR 可以打造特定历史场景、历史人物及对话，让学生置身其中更深刻地体会历史事件的必然性与偶然性；VR 可以通过对自然地理中地形地貌的 3D 塑造以及地质运动等的"真实还原"，让学生的学习拥有观影一般的体验。即使在理工科的教学中，仍可以借助 VR 让学生体验受制于现有条件无法进行或危险的实验或试验，让抽象的数学公式推导、立体几何等知识真正"舞动起来"，调动学生对理科学习的兴趣。

综上所述，对于学生而言，VR 让各类教学内容实现沉浸式虚拟教学的效果，其带来的益处不仅仅是以全新的课堂教学模式激发学生的学习兴趣，更能让学生在交互学习过程中实现深层次学习、理解性学习，引导学生自主思考和探索，培养学生创新能力和解决问题的能力。此外，VR 通过其打造或还原的场景，将抽象的知识变得直观形象，更通过简单好玩的交互游戏让学生们在互动中快乐学习。

对于教师而言，通过 VR 和 AR 技术让教学内容变得形象生动，让学生在课堂中及时、没有限制地观察三维空间内的事物，学生的配合度随兴趣的提高

---

① 以游戏化教育切入 K12，编玩边学推出"玩学世界"建立流量入口 [EB/OL]．[2022-08-21]．https://baijiahao.baidu.com/s?id=16755988227 64085541&wfr=spider&for=pc．

而提高，教学变得省心省力。

对于学校而言，可以引入先进的 VR 和 AR 丰富教学方式，打通各类数字教学资源应用关卡，形成校内资源库，进而实现智慧校园建设的愿景。智慧教室及 VR 沉浸式教学让整个教学过程的沉浸感和互动性得到增强，学生们可以更好地感受到学习的乐趣，真正实现一个能对话的快乐课堂。

对于校外教育培训机构而言，虚拟现实教学可以成为吸引学生及家长的课程亮点。同时适应业务模式的调整，益智类、科学探究类、手工类甚至职业教育场景中所需的实践类课程均可以通过智慧教室的搭建和 VR 的引入很好地开展。此外，突破时空限制的授课也可以减少场地成本及打破区域授课限制，方便拓展全国市场需求。

（二）虚拟仿真实践与训练

与上面所提到的虚拟现实教学内容相承接，当 VR 应用于教学中的实践训练时，其效果能够最大化呈现。无论是在学校学科教育、校外教育培训机构的探究动手类教育，还是在职业教育、特定行业培训中，VR 除了调动培训人员的兴趣，最重要的是方便实现实践训练所需要的操作性、交互性和真实性。

利用虚拟系统搭建另一个真实世界的模仿体，实现视觉、嗅觉、听觉、味觉和触觉等的多种感觉实时模拟交互，进而在虚拟世界中避开危险环境，降低实验和训练的成本，甚至操作现实中无法进行的实验和试验。这种技术也可以广泛应用于消防安全实战训练、医护临床技能实践、警卫防护安全演练及突发自然灾害的抢险救灾培训等职业和社会治安管理岗位的培训中。

（三）教育资质与资源认证机制

区块链技术是元宇宙的底层技术。区块链技术具备去中心化、可追溯、不可篡改的特点，将该技术融入教育认证机制，将搭建更加高效、智能与安全的认证机制。比如学生答案能够上链，在安全的环境中存储流转，防止篡改或考后作弊，方便教师批阅。再比如教学资源能够运用区块链技术实现共享和交易，从而助力优质教学内容的生产与教育资源的普及。另外，基于区块链技术作为底层数字资源的唯一凭证，奖状证书、学分都能够通过数字化的形式来发放。

中国科学院预测，中国在线教育规模 2022 年将突破 5900 亿元人民币，自 2016 年以来呈逐年上涨的趋势[①]。另据高盛预测，全球 VR 教育市场规模将在 2025 年增至 7 亿美元[②]。与此同时，中国 AR/VR 市场 IT 相关支出将在 2026 年增至 130.8 亿美元，为全球第二大单一国家市场[③]。未来，VR/AR 结合教育的应用会越来越深入而丰富，打造更宏大的"元宇宙+教育"规模。

三、"元宇宙+教育"生态的合规方向

（一）塑造虚拟空间的安全防护机制

元宇宙及其相关技术打造的虚拟世界并不是完全脱离现实世界而存在的，仍需要受到现实世界法律法规及监管政策的规范。

首先，需要关注运用元宇宙技术的网络安全问题。由于充分运用多种新型技术，且这些技术的发展程度并未达到十分成熟，元宇宙也就集中了很多漏洞，为黑客攻击制造了更多机会。同时，随着技术手段和样式更多样，攻击目标也更多元，攻击强度更高，原有的网络安全防护措施也许并不能继续奏效，元宇宙亟须建立起属于自身的动态安全防护和预警机制。

其次，元宇宙虚实结合，其发展和运作仍须遵守《中华人民共和国网络安全法》《中华人民共和国数字安全法》等网络空间安全法律法规，应当依照

---

① 中商产业研究院. 2022 年中国在线教育行业及其细分领域市场规模预测分析［EB/OL］. ［2022-01-07］. https://www.askci.com/news/chanye/20220107/1148131716902.shtml.

② 新浪 VR. 2019 年 Cloud VR+2B 场景白皮书：2025 年 VR 教育市场将达 7 亿美金［EB/OL］. ［2020-11-27］. https://baijiahao.baidu.com/s?id=1684480894752395660&wfr=spider&for=pc.

③ 2026 年中国 AR/VR 市场规模将超 130 亿美元　五年增速全球第一［EB/OL］. ［2022-08-05］. https://new.qq.com/rain/a/20220805A02V1Z00.

法律、行政法规的规定和国家标准的强制性要求，采取技术措施和其他必要措施，保障网络安全、稳定运行，有效应对网络安全事件，防范网络违法犯罪活动，维护网络数据的完整性、保密性和可用性。

最后，在元宇宙与教育结合的场景中，师生通过虚拟角色所实施的行为、发表的言论仍应遵守我国《网络信息内容生态治理规定》《互联网信息服务管理办法》以及《互联网用户账号信息管理规定》等规范，任何参与主体均不得发表含违法违规、人身攻击等内容的言论或图片，应维护虚拟空间的秩序与安全。当然，在这些具体应用场景中，运营主体也应当遵循《中华人民共和国个人信息保护法》等规范，对虚拟世界所对应的现实人物的个人信息合法合规收集处理，采取必要保护措施。

（二）完善元宇宙技术应用流程和规则

VR、AR 以及区块链等技术的开发和运用应当受到严格监管。元宇宙发展仍处于初级阶段，要警惕未加检验、未达标准的技术直接应用于具体场景。

目前，国家互联网信息办公室发布的《区块链信息服务管理规定》已经对在我国境内基于区块链技术或系统从事区块链信息服务的服务提供者提出安全评估、履行备案手续等要求。

除区块链技术应用及服务提供者应当履行上述义务外，依据教育部办公厅发布的《教育移动互联网应用程序备案管理办法》，以教职工、学生、家长为主要用户，以教育、学习为主要应用场景，服务于学校教学与管理、学生学习与生活以及家校互动等方面的互联网移动应用程序需要作为提供者在注册地省级教育行政部门备案，而无论是自主开发、自主选用还是上级部门要求使用的教育移动应用，同时还需要进行使用者备案。我们可以理解为，学校自研自用或者在市场中选用元宇宙相关应用和服务系统，应进行使用者备案。作为面向学校提供 VR、AR 或者区块链技术相关教育互联网应用的提供者，应当同时履行国家网信部门规定的备案义务和教育行政部门规定的备案义务。

（三）搭建"元宇宙+教育"中的未成年人保护网

由于元宇宙与教育的具体场景中未成年人参与程度较高，因此"元宇宙+教育"的结合中需要重点关注与未成年人保护相关的问题。

首先是未成年人个人信息保护问题。2021年11月1日开始实施的《中华人民共和国个人信息保护法》第二十八条将不满14周岁未成年人的个人信息明确规定为敏感个人信息。"元宇宙+教育"的具体应用场景中，存在大量未满14周岁未成年学生主体，对于这类主体，在使用特定的系统、软件时，相关运营主体需要严格遵守处理敏感个人信息的相关规范。同时国家互联网信息办公室发布的《儿童个人信息网络保护规定》也对未满14周岁的未成年人信息安全作出相关规范要求。

其次，《中华人民共和国未成年人保护法》在学校保护、社会保护和网络保护等专章中对未满18周岁的公民身心健康安全管理、信息内容生态管理以及网络生态内容管理作出规范，因此元宇宙与教育结合的所有场景涉及未满18周岁公民的，还需要同时遵守《中华人民共和国未成年人保护法》的具体规定。

在青少年保护方面，除了敏感个人信息的相关保护，还应注意到防游戏沉迷设置和未成年人保护软件的特别设置。《中华人民共和国未成年人保护法》第六十九条规定："学校、社区、图书馆、文化馆、青少年宫等场所为未成年人提供的互联网上网服务设施，应当安装未成年人网络保护软件或者采取其他安全保护技术措施。智能终端产品的制造者、销售者应当在产品上安装未成年人网络保护软件，或者以显著方式告知用户未成年人网络保护软件的安装渠道和方法。"因此，一切为未成年人提供网络服务的智能终端产品均应按规定安装未成年人保护软件。

《中华人民共和国未成年人保护法》第七十一条明确指出，未成年人的父母或者其他监护人应当通过在智能终端产品上安装未成年人网络保护软件、选择适合未成年人的服务模式和管理功能等方式，避免未成年人接触危害或者可能影响其身心健康的网络信息，合理安排未成年人使用网络的时间，有效预防未成年人沉迷网络。国家新闻出版署 2021 年 8 月 30 日下发《关于进一步严格管理切实防止未成年人沉迷网络游戏的通知》，提出要坚决防止未成年人沉迷网络游戏。需要注意的是，2022 年 3 月 14 日国家互联网信息办公室对《未成年人网络保护条例》再次公开征求意见，着重强调了加强未成年人网络沉迷防治，并且明确了网络平台的责任义务，要求相关主体建立健全防沉迷制度，合理限制未成年人消费行为，采取措施防范和抵制"流量至上"等不良价值倾向。

基于上述分析，我们可以发现，对于元宇宙与教育结合的部分应用场景中，会存在特定游戏化业务模式或产品，对于这类业务模式，运营者或相关技术使用者应当充分理解"寓教于乐"的理念，秉持趣味性为教学服务的宗旨，防止本末倒置。

（四）防范"元宇宙+教育"领域中的虚假宣传和跟风炒作

对于元宇宙技术的运用者，需要防范其随意、无序地使用元宇宙概念及技术进行宣传、炒作。市场监管部门要对教育机构发布的广告、商业宣传进行动态监管，在《中华人民共和国广告法》《中华人民共和国未成年人保护法》的基础上，打击利用元宇宙等相关字眼夸大宣传、虚假宣传、欺骗消费者甚至实施违法犯罪活动的行为。对于用户而言，也要学会识别真假元宇宙教育产品，谨防骗局和虚假宣传。

四、对"元宇宙+教育"的未来展望

传统教育形式和教学方式下，教师、学生、教室、教具、课程等教育要素边界明显，在教育改革的广度、深度上无法融合。元宇宙突破边界限制，使得教学不受限于物理地点，也不受限于特定教具，通过将虚拟空间布置与教学内容相结合的线上方式进行教学，并且教师可以将自身虚拟人物与教学内容中人物相融合，达到"言传身教"的效果。再充分运用区块链技术公开可见、不可篡改的特点，进一步加快教育资源整合共享，真正促进教育公平的实现。同时我们也必须注意到，上述理想效果的实现不能脱离元宇宙与教育结合的动态合规、稳步发展、循序渐进，元宇宙的加入将更有力地助推教育领域实现培养顶尖人才的目标。

第八章
当艺术遇上元宇宙， Web 3.0 绽放艺术想象力

2021 年被视为"元宇宙元年"和 NFT"数字艺术元年"。作为小众文化的 NFT 数字艺术正式"破圈"，走进大众视野。NFT 的不可分割、不可篡改、独一无二等特点，与艺术作品的原创性、独特性、唯一性等属性天然契合。

NFT 也为数字艺术的"确权"以及价值界定带来规范，其流程可追溯特性，能有效满足艺术界对身份验证和所有权来源的需求，将数字艺术作品与其创作者永久地连接起来。随着一批原生数字艺术家的 NFT 项目的市场价格屡创新高，传统艺术家也纷纷入场，运用全新的技术手段与 Web 3.0 思维创作具有前瞻性、创新性与试验性的数字艺术作品，开始探索艺术表达的新语言与新边界，开启艺术品市场发展的新叙事。

一、 Web 3.0 时代的原生数字艺术家

在 NFT 艺术市场上，最先掀起波澜的是一批原生数字艺术家，其中的代表有 Beeple、Pak、Xcopy、Mad Dog Jones 等。

（一） Beeple——NFT 艺术"破圈"之人

Beeple，本名 Mike Winkelmann，生于 1981 年，在成为 NFT 艺术家之前，他是一名美国数字艺术家、平面设计师和动画师。他使用各种媒介创作数字艺术作品，画面时而滑稽、时而深邃，给人以幻觉感，极具视觉冲击力。Beeple

的作品经常使用流行文化人物、卡通形象和流行符号进行"混搭",被普遍认为带有政治和社会色彩,在世界范围引起了强烈共鸣。Beeple 从事数字艺术多年并取得了一定的成功,2018 年收到路易威登艺术总监直接联系,邀请他为 LV 做设计。LV 邀请 Beeple 以数字方式将其一些艺术作品印刷到一个系列中,该系列将在卢浮宫的时装秀上首次亮相。之后 LV 与 Beeple 展开合作,为全球精品店进行了数字橱窗展示。LV 向 Beeple 支付固定费用,但 Beeple 一直不相信这一切是真实的,直到他坐在卢浮宫,与凯特·布兰切特和艾丽西亚·维坎德一同坐在前排,并且看到第一个模特将他的其中一件作品穿在了身上。

尽管 Beeple 的数字作品逐渐受到业界关注并不断扩大影响力,在商业合作领域也获得了一定成功,但之前 Beeple 从未考虑出售他的任何作品,或更确切地说,他并不真正知道如何出售它们,直到 2020 年,Beeple 开始了解区块链技术和新兴的 NFT 艺术市场。2020 年 10 月,Beeple 尝试拍卖了三件作品,没想到这导致 Nifty 网站直接崩溃了。他其中的一幅数字动画作品"Crossroad"(见图 8-1),成交价为 600 多万美元。

图 8-1 Beeple 的 NFT 作品:"Crossroad" [1]

---

[1] 改变生活的金钱:迄今为止售出的 10 种最贵的 NFT [EB/OL].[2022-10-28]. https://www.toutiao.com/article/7098968474256474657/?wid=1666771426183.

2021 年 3 月 11 日，Beeple 以其在之前 13 年的时间里创作的 5000 幅图像组成的 NFT 数字艺术作品 "Everydays：The First 5000 Days"（见图 8-2）在佳士得拍卖。底价仅 100 美元，经过 10 天的拍卖，最终以 6934.6 万美元（约折合 4.5 亿元人民币）的总价成交，一举跃升至在世艺术家作品成交价的第三高，并让 NFT 这一概念迅速 "破圈"，在全球范围内掀起了 NFT 加密艺术的热潮。

图 8-2　Beeple 的 NFT 作品 "Everydays：The First 5000 Days" ①

2022 年 5 月，Beeple 与流行偶像麦当娜（Madonna）联合推出了全新的 NFT 项目——Mother of Creation（创造之母）。Beeple——使 NFT 走向主流的顶级原生加密艺术家，加上经久不衰的顶级流行偶像麦当娜，两者的合作引起业界人士巨大关注。

---

① 改变生活的金钱：迄今为止售出的 10 种最贵的 NFT［EB/OL］.［2022-10-28］. https：// www. toutiao. com/article/7098968474256474657/？wid = 1666771426183.

"Mother of Creation"（创造之母）项目由三个独一无二的视频 NFT 组成，分别是"Mother of Nature"（自然之母）、"Mother of Evolution"（进化之母）、"Mother of Technology"（科技之母）。每个视频时长一分钟，都以麦当娜为形象，使用 3D 手段渲染最终效果。该项目创作历时一年，将"创造"与"母性"的联系通过可视化效果表现出来。这三个 NFT 代表了当今世界三种不同类型的"生命诞生"。

该项目中的"Mother of Evolution"（进化之母）作品，描述了蝴蝶的蜕变之旅（见图 8-3）。蝴蝶是大自然的最美造物之一，亦象征着希望。在世界正处于末日后的毁灭这一背景设定中，蝴蝶的存在显露出了一丝生命尚存的证据，寓意无论遭到什么破坏，无论面临什么压迫，生命将继续被创造。该视频作品还包含了麦当娜的经典歌曲"Justify My Love"的歌词和 Igor Bardykin 的原创音乐。

图 8-3　"Mother of Evolution"（进化之母）①

如今，Beeple 已从数字艺术家转型为世界顶级 NFT 艺术家，并仍不断扩大其影响力。Beeple 曾表示："过去的 20 多年来，艺术家们一直在尝试使用计算机硬件和软件去创作艺术作品，并将其发布到互联网上，但一直没有真正去

---

① 加密艺术家 Beeple 联合巨星麦当娜［EB/OL］．［2022-10-28］．https：//mp. weixin. qq. com/s/KE_WvGPnc4_ofkCD2SAhZw.

拥有和收藏这些作品的方法。现在，基于区块链技术的 NFT 存储形式就改变了这一点，购买了 NFT 数字艺术品便拥有了数字资产，并附有真实性的数字证书。我相信我们正在见证艺术史上的下一个新篇章——数字艺术。这是一件与任何在真实画布上制作的作品一样具有工艺、信息和意义的作品，我非常荣幸能参与数字艺术板块中这一历史性的时刻。"

（二） Pak——NFT 艺术界的行为艺术家

与 Beeple 的作品所具备的视觉冲击力和艺术表现力不同，顶级加密艺术家 Pak 的作品多为简单的重复元素，如方块、圆球，且色彩单一。也曾有人"吐槽" Pak 的作品毫无美感。

Pak 在成为 NFT 艺术世界顶峰的传奇艺术家之前，已从事数字艺术创作逾 25 年，是动态特效设计师、Undream 工作室创始人、AI 策展活动 Archillect 首席设计师，曾与数百个大品牌和工作室合作，在业界享有盛誉。

2021 年 12 月，Pak 的 NFT 艺术项目"The Merge"在 Nifty Gateway 平台发行，吸引了超过 28000 名收藏家参与。"The Merge"延续了开放版的拍卖模式，即在拍卖期间，任何人可购买任意数量的 NFT，即一个小白球，这些 NFT 的单价随时间的推移从 299 美元到 575 美元慢慢增长，最终拍卖总价值高达 9180 万美元（约折合 5.9 亿元人民币），Pak 由此成为世界上最昂贵的在世艺术家。

Pak 的 NFT 艺术作品"The Merge"引起广泛热议的地方并不在于其视觉上的艺术性，而是其"玩法"——"吞并"。"The Merge"采用合并机制，每个钱包都只能拥有一个小球，当买入第二个球时，两个球就会合并成一个，颜色和体积也会发生变化（见图 8-4）。这种"吞并"会随着二级市场交易不断发生，球的数量也会越来越少。通过一系列藏家的互动，最终整件作品的外观会不断发生变化。"The Merge"不再是图像或者游戏，而是用智能合约编写在区块链上的交互艺术形式，会随着智能合约的触发不断变化。

图 8-4　Pak 的 NFT 作品："The Merge" ①

　　Pak 最初出售的其实是一件未完成的艺术作品，每个藏家是在通过他们的每个决定和 Pak 共同完成这一件作品的最终形态，这件艺术品最终会呈现什么样，由参与其中的每个人决定。最终，Pak 与 28983 名藏家一起完成了 "The Merge" 这件 NFT 艺术作品。Pak 的 "The Merge" 项目被认为是一种 Web 3.0 时代人人参与 NFT 创作的一种先锋尝试，是写在区块链上的大众行为艺术。

　　Pak 的 "The Merge" 项目另外一个颠覆传统之初在于全新的销售渠道。不同于之前很多售价很高的 NFT 作品选择私人销售渠道或者传统拍卖行出售，Pak 为 "The Merge" 选择了 NFT 交易平台 Nifty Gateway，在这里，准入门槛低、效率高、支付方式灵活，最终吸引了近 29000 名参与者。传统拍卖行需支付巨额保证金，私人销售渠道通常发生在富豪名流的私人聚会场合，这些传统的艺术品销售方式把绝大多数人都排除在外，而类似于 Nifty Gateway 这样的新一代 NFT 交易平台，更好地应和了 Web 3.0 时代人人参与共治共建的理念，跨出了颠覆传统艺术成交方式的第一步。"The Merge" 的巨大成功，也使 Pak 一跃成为站在 NFT 艺术世界顶峰的颠覆性的艺术家。

―――――――――――

① 从顶级加密艺术家 Pak 作品中，我们读懂了什么？[EB/OL].[2022-10-28].https://www.defidaonews.com/article/6730010.

2022 年 2 月，继获得了巨大成功的"The Merge"项目之后，Pak 的最新 NFT 项目"Censored"正式上线。"Censored"项目是为争取言论自由并为身陷牢狱的维基解密创始人阿桑奇筹措法律援助款项而发布的 NFT 作品。

"Censored"由两部分组成，仅限一份的"Clock"NFT 是整个系列的核心，它是一幅动态作品，主体部分为英文数字，每过 24 小时增长一次，记录着阿桑奇在狱中度过的时间。第二部分则是开放版"X/X"，主画面由 Pak 设计，白底加黑色半透明删除条。参与者可输入任意字符（限 72 字符，仅支持英文字母和空格）以生成属于自己的作品，该字符则被删除条遮盖，契合"被审查"（Censored）的主题（见图 8-5）。每个地址仅限铸造一枚，可以免费铸造或者支付任意价格。目前，有约 2.6 万"X/X"被铸造。这些 NFT 铸造之后即刻被锁定在钱包中，无法转移，不能交易。这些不被释放的 NFT 只有当阿桑奇被释放时，才能自由交易，同时象征着"被审查"删除线将被移除。

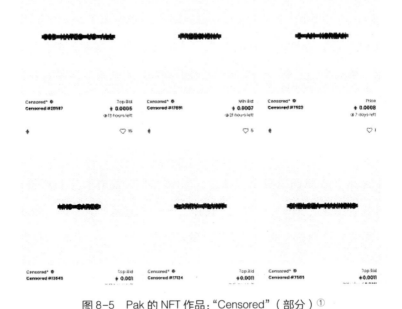

图 8-5　Pak 的 NFT 作品："Censored"（部分）①

---

① 从顶级加密艺术家 Pak 作品中，我们读懂了什么？[EB/OL].[2022-10-28]. https://www.defidaonews.com/article/6730010.

Pak 的 "Censored" 一经推出即引起广泛热议，被视为又一场区块链上的大众行为艺术实验，是一首解救阿桑奇的自由之歌，且故事未完，诸君仍需努力。

Pak 无疑是现今 NFT 艺术界的顶级艺术家，也是把数字时代匿名性贯彻到底的数字艺术家。人们知道 Pak，谈论 Pak，但却不知道谁是 Pak。没有人知道其真实姓名、长相甚至性别，在接受采访时，Pak 也使用变声器，Pak 曾言"我希望人们关注的不是我本人，而是我的作品"。

Pak 的作品以单调重复的数字元素为基础元素，在其精心设计的模式下，经参与者的行为或互动，逐渐变化组合成复杂的艺术品，在表达其本人的思想理念的同时，仿佛与众多的参与者在某种层面上达成共识，毕竟最终的作品是由所有参与者共同谱写。Pak 的作品有着极为鲜明的特质，如开放、同质化元素、大众行为艺术等，在广受追捧的同时也广受非议。这种艺术形式也许是 Web 3.0 时代未来艺术的一个进化方向，也许不是，我们拭目以待。

二、传统艺术家在 NFT 艺术领域的新探索

在原生数字艺术家在 Web 3.0 时代的 NFT 艺术市场上风生水起、名利双收的时候，必然吸引传统艺术家群体的巨大关注。对传统艺术家群体来说，以区块链、NFT 技术为底层来进行艺术创作并开展新型艺术交易，无疑是一种全新的陌生领域。但当代艺术家灵魂中的自由不羁，骨子里的天然反叛，让他们以新的技术在新的语境中进行艺术表达的意愿极为强烈，很多早已功成名就的顶流艺术家纷纷入局 NFT 艺术领域。其中不少传统艺术家已华丽转身成为 NFT 艺术家，比如日本殿堂级当代艺术家村上隆。

（一）村上隆的 NFT 艺术及其 Murakami Flowers 元宇宙

享誉国际的日本艺术家村上隆，1962 年在东京出生，与奈良美智和草间

弥生并称为日本当代国宝级艺术家。村上隆的作品在艺术上和商业上均获得了巨大的成功。他的作品曾在西方各大主流艺术馆展出并被收藏；在艺术品市场上屡屡拍出高价，曾被形容是"日本人单件艺术作品的史上最高价"。村上隆与 LV 有过长达 13 年的合作，他与 LV 推出的联名手袋，取得了巨大成功，一举改变了 LV 在人们心中的固有印象，吸引了更多的青年一代消费者。村上隆与 LV 的合作被视为艺术与商业相互影响的经典案例，并开创了艺术与奢侈品跨界联名的新时代。

村上隆作为传统当代艺术界著名的顶流艺术家，在 NFT 热潮持续升温之时，果断入局 NFT，但起初，他的 NFT 之路也充满坎坷。村上隆在 2021 年 3 月首次发布个人 NFT 作品"Flowers with Smiley Faces"。彼时村上隆对 NFT 并不了解，在该项目预售期间，交易规则几度更改，预售价格也远远未达预期。因此，在官宣十几天后，村上隆决定暂停该项目。

但村上隆并未被一时的困难与尴尬打倒，他迅速整理思路重整旗鼓，并于 2021 年底与 NFT 领域顶级制作公司 RTFKT Studios 合作，携手打造出"CLONE X" NFT 项目。"CLONE X"项目推出了 2 万个 NFT 角色，每个"CLONE X"中的角色都带有 3D 骨架系统，藏家可以根据自己的意愿打扮自己的角色，还可将这些角色使用在 AR、Zoom 或游戏中，也可作为未来进入元宇宙的形象。每个角色都有随机分配特征组合而成的外观。角色的眼睛、嘴巴、头盔等由村上隆设计，他将其代表性的卡通元素融合在设计中。除了虚拟收藏品，藏家还有机会通过游戏购买实体世界的收藏品，对 RTFKT 生态系统和 CLONE X 的特殊访问权限体验。这个项目因其独特的概念和背景故事脱颖而出，受到藏家热捧。村上隆也在参与"CLONE X"项目的过程中，进一步了解并学习 NFT 艺术项目的创作与交易机制，为他之后成功推出自己的 NFT 作品打下了坚实的基础。

2022 年 3 月，村上隆宣布将回归推出个人 NFT 项目"Murakami Flowers"。村上隆以 20 世纪 70 年代的复古电子游戏为灵感来源，在 108×108 像素的网格中生成 11664 种形态颜色各异的太阳花。藏家的每个钱包限买一朵 NFT 太阳花，以种子的形式发售（见图 8-6），直到公开销售时，藏家才能知晓花的具体形态。4000 个白名单面向"CLONE X"的收藏者和亲友，6751 个对外公开销售，采用抽签制度，然后是"幸运 727"（727 是村上隆的幸运数字）、"禅宗数字 78"以及"烦恼 108"抽签，整个销售设计将商业化和村上隆个人风格充分结合。

图 8-6 太阳花种子 NFT

2022 年 5 月，村上隆启动了"Murakami. Flowers 2022"项目中太阳花种子生长成有不同表情、不同年龄的太阳花。在该 NFT 项目路线图中，村上隆重申了他对 NFT 项目理念有了更深的理解，将以 Web 3.0 的规则来推动项目的发展，并绘制了"Murakami Fclowers Metaverse"（太阳花元宇宙）图（见图 8-7）。该元宇宙画面充满了日本经典文化元素，可以看出村上隆旨在唤起并推广日本的文化艺术精神，这与村上隆一直以来的艺术追求一脉相承。这个项目不仅有经济系统，还有与链下实体经济相互赋能的规划。从村上隆的"Murakami Flowers"项目元宇宙构建设计可以看出，村上隆已从 Web 2.0 思维走向了 Web 3.0 思维，始终关注虚拟经济与实体经济的结合，并以全新的数字时代叙事逻辑来表达自己的艺术理念，并继续推广日本文化。这样的 Web 3.0 艺术思维，是值得更多的传统艺术家学习和思考的。尤其是对中国艺术界正在思考如何在数字时代下通过元宇宙概念推广中国传统文化的艺术家，具有重要的启发和借鉴意义。

图 8-7　村上隆的"Murakami Flowers Metaverse"

（二）国内传统艺术家的 NFT 艺术转型实践

在国外传统艺术家纷纷入局 NFT 艺术市场之时，国内的传统艺术家们也开始与有关平台合作，探索 Web 3.0 时代的 NFT 艺术创作和交易之路，代表艺术家有蔡国强。

蔡国强，1957 年出生于福建泉州，是当今国际艺术界备受瞩目的中国籍艺术家。蔡国强最著名的火药爆破艺术和大型装置充满活力和爆发力，超越平面，从室内空间走入社会和自然。他以艺术的力量和强悍的作品视觉漫步全球，体现了不同文化里自由往来的游牧精神。蔡国强曾受邀担任 2008 年北京奥运会和 2022 年北京冬奥会开闭幕式烟花表演总设计师，他一直在艺术创作理念、媒介、表现形式等方面不断思考，不断实践，在数字时代，更是第一批进入 NFT 艺术领域的艺术家。

2021 年 7 月，蔡国强受上海外滩美术馆特别委托的首个 NFT 项目《瞬间的永恒——101 个火药画的引爆》（见图 8-8），于 TR Lab 线上平台义拍，最终以 250 万美元（约折合人民币 1620 万元）成交，创下当时非加密领域艺术家 NFT 作品最高成交纪录。

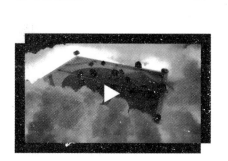

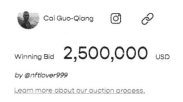

图 8-8　《瞬间的永恒——101 个火药画的引爆》

蔡国强表示："《瞬间的永恒——101 个火药画的引爆》收藏的是火药画的'爆破瞬间'本身，不是传统意义上可以永久留存的记录爆破瞬间的影像和照片，也不是爆破诞生的实体火药画……NFT 的虚拟世界我还在探索中，但 250 万美金的拍卖结果却是实实在在的，善款将支持中国年轻艺术家的成长和进步也是实在的。"

2022 年 2 月，蔡国强再次与 TR Lab 合作，在 Opensea 上发布了其个人 NFT 艺术作品《炸自己》（限量 99 件）的义售，在开售后几分钟内就售罄。

2022 年 4 月，TR Lab 第三次推出了蔡国强的 NFT 艺术项目《你的白天烟花》（Your Daytime Fireworks）。与之前发售的 NFT 艺术作品不同，此次 NFT 艺术项目是更具加密原生特点的艺术尝试。通过"黄金入场券""铸造烟花包"和"你的白天烟花"三个阶段，蔡国强邀请广大的社群伙伴共同踏上一场探索并参与他的白天烟花世界的神奇之旅（见图 8-9）。独立于地球之间之外的"蔡日历"，每"天"推出一款特别烟花，总计 90 种。项目网站每天公布"当日的天气条件，以及所在国家和其相应的安全距离等法规"，这些国家都是蔡国强曾经创作爆破计划的地方，对他有特别的意义；藏家追随蔡国强的脚步，考虑这些当地条件会如何影响白天烟花的燃放效果，据此决定燃放自己的白天烟花的日期；其中 9 种烟花的形态尤其特别，各自对应蔡国强过往的 9 个重要项目。

图 8-9　蔡国强的 NFT 作品:《你的白天烟花》

蔡国强说:"我总在追求创造性的突破……与 TR Lab 两次合作、尝试加密艺术的经历，让我感到加密艺术世界中社群参与的特殊性和重要性，这与我多年来和世界不同文化地域社群合作、让观众的参与成为作品的创作方法论，以及常常吸引亿万观众在线上、线下观看的烟花项目，似有相通之处。或有新的可能？这就是《你的白天烟花》的应运而生。"

三、结语

在 Web 3.0 时代，在元宇宙概念下，艺术作品的创作方式、表现形式、传播媒介、交易模式等，都将发生巨大的变革。无论是对原生数字艺术家，还是传统艺术家，都是挑战与机遇并存。

NFT 艺术的兴起，也给青年艺术家以及素人艺术爱好者提供了新的机遇。传统的艺术形式，更多的是艺术家个人思想理念的对外表达。但在元宇宙领域，更注重艺术家与社区参与者深度互动、共创共治，艺术作品不断重组、不停迭代。每个 NFT 艺术的参与者（艺术家、技术提供方、平台方、购买方等）都可能成为 NFT 艺术作品最终呈现的制造者。在这个 Web 3.0 元宇宙时代，每个人都可能被充分激出新的艺术想象力。当然，Web 3.0 时代的到来并不意味着 NFT 艺术将完全取代传统艺术，这两个领域可以是相互融合、相互促进地并行发展。我们也许不会知道元宇宙和 NFT 的未来究在哪里，但我们都正在一起创造着它。

第九章

工业元宇宙

——数字孪生在制造业中的应用

提到元宇宙，人们首先总会想到影视作品中的虚幻场景、沉浸式游戏体验、火爆的 NFT 艺术交易。但其实，除了那些 ToC 端的消费场景外，工业元宇宙已经开始大放异彩。

工业元宇宙，顾名思义，指元宇宙相关技术在工业领域的应用，它是一个连接物理现实世界和数字虚拟世界的数字孪生网络。工业元宇宙可以覆盖产品研发、生产、巡检、远程运维、经营管理、培训等工业生产全链条环节。元宇宙在工业领域的应用价值或远大于消费领域。有知名咨询公司预测，到 2025年工业元宇宙将催动全球智能制造市场规模突破 5400 亿美元。

一、工业元宇宙的数字孪生概况

工业元宇宙的数字孪生技术已引起国内外的广泛重视，可看作是连接物理世界和数字世界的纽带。数字孪生，就是针对物理世界的实体，通过数字化手段构建一个数字世界中的"完整分身"，能够和物理实体保持实时的交互连接，借助历史数据、实时数据以及算法模型等，通过模拟、验证、预测、控制物理实体全生命周期过程，实现对物理实体的了解、分析和优化（见图 9-1）。

简单来讲，数字孪生就是在一个设备或系统的基础上，创造一个数字版的"克隆体"。这个克隆体的最大特点，就是对实体对象的动态仿真，即数字孪

图 9-1 数字孪生示意图

生体是会"动"的。

数字孪生技术最早应用于航空航天领域。由于飞机、火箭这类大型、复杂的机械设备，技术含量高，一旦出错，代价昂贵，因此美国空军研究实验室希望利用数字孪生体这个概念来解决战斗机机体的维护问题。后来，工业制造领域的巨头美国通用公司也开始关注数字孪生技术，再到德国西门子公司的重视，数字孪生开始风靡互联网和产业界，被逐渐应用于更多工业场景。

二、数字孪生在工业制造方面的应用

由于数字孪生早期的研发及应用与工业制造领域的需求密不可分，因此工业制造也是数字孪生的主要应用战场。

（一）产品研发阶段

在工业制造领域，要完成产品部件的设计修改、尺寸装配，通常需要反复尝试，耗费大量人力、物力。利用数字孪生可以为工业生产建立虚拟空间，在该技术之下，工程设计师不仅能看到产品外部变化，更使内部零件动态的观察成为可能。例如，通过数字 3D 模型，我们可以看到汽车在运行过程中发动机内部每一个零部件、线路、各种接头的每一次变化，从而大幅降低产品的验证工作和工期成本。

（二）制造生产阶段

在制造生产中，建立一个生产环境的虚拟版本，用数字化方式描述整个制造环境，在虚拟数字空间中进行设备诊断、过程模拟等仿真预测，可以有效防止现场故障、生产异常产生的严重后果。例如，3D 工厂生产线将生产环境、生产数据、生产流程实现数字可视化。从设备上的传感器中导入数据，实时监测到设备每个部位的轴温、开机时长、当前生产阶段、设备利用率、产量等关键数据信息。在 Web 端与手机端逼真呈现整个流水线生产过程，呈现方式一目了然，更加方便企业进行管理。

（三）设备维护阶段

维护阶段，数字孪生也能发挥重要作用。正如前文所述，美国空军提出数字孪生，就是为了帮助更好地维护战斗机。那么对于工厂设备设施，也同样可用数字孪生进行相应维护。当设备生产流水线的仿真模型搭建完成后，通过对运行数据进行连续采集和智能分析，可以预测维护工作的最佳时间点，提供维护周期的参考依据。不仅能及时预测相应风险，同时还能做出高效迅速的反应，有效提升产品的可靠性和可用性，降低产品研发和制造风险。

由此可见，数字孪生可以给工业制造企业带来显而易见的效率提升和成本下降。而随着传统工业制造转型升级需求的加速，数字孪生势必将发挥更为重要的作用。

三、数字孪生在改善制造运营方面的应用

（一）产品设计[①]

数字孪生在产品设计阶段可以是虚拟原型，可以进行调整以测试不同的仿

---

① Mark Crawford. 7 Digital Twin Applications for Manufacturin [EB/OL]. [2021 – 03 – 17]. https://www. asme. org/topics–resources/content/7 –digital –twin –applications –for –manufac-turing.

真或设计，然后再投资购买实体原型。通过减少将产品投入生产所需的迭代次数，节省时间和成本。

（二）工艺优化

生产线上的传感器可用于创建工艺过程的数字孪生并分析重要的性能指标。对数字孪生体的调整可以被确定是优化产量、减少差异，并帮助进行根本原因分析的一种新方法。

（三）质量管理

在生产过程中，监控和响应来自 IoT 传感器的数据对于保持最高质量和避免返工至关重要。数字孪生模型可以对生产过程的每个部分进行建模，以识别发生误差的位置，或者可以使用更好的材料或流程。

（四）供应链管理

供应链和物流/分销公司依靠数字孪生来跟踪和分析关键性能指标，如包装性能、车队管理和路线效率。它们对于零库存生产或按序生产以及分析分销路线特别有用。

（五）预测性维护

用于单个设备或制造过程的数字孪生可以识别出在严重问题发生之前进行预防性维修或维护的变化幅度。它们还可以帮助优化负载水平、工具校准和循环时间。

（六）跨学科合作

来自数字孪生的运营数据随时可用，可以轻松地跨学科共享，从而实现协作，改善沟通和更快地制定决策。工程、生产、销售和市场营销都可以使用相同的数据一起工作，以做出更明智的决策。

（七）分析客户体验

数字孪生通常用于随着时间的推移收集数据，从而提供对产品性能、分销和最终用户体验的深刻理解。这些数据可用于帮助工程师和设计师改善客户对产品的响应，特别是定制化和易用性方面。

四、数字孪生的行业应用场景

数字孪生技术通过建立物理系统的数字模型、实时监测系统状态并驱动模型动态更新实现系统行为更准确的描述与预报，从而在线优化决策与反馈控制。工业元宇宙即数字孪生的行业应用场景非常丰富，尤其在复杂流程行业、高端制造业等的每一个环节上，工业元宇宙的发展都可带来效率提升。对此，本章仅以航空航天领域以及钢铁行业为例进行说明。

（一）航空航天领域

在航空航天领域，数字孪生技术可应用于飞行器的设计研发、制造装配、运行维护和飞行系统优化。

首次在制造领域使用"孪生"概念的是美国国家航空航天局（美国宇航局）。美国宇航局在"阿波罗计划"中制造了两艘完全相同的真实宇宙飞船，并在地面上对"双"飞船进行模拟实验和数据分析。为了反映和预测宇宙飞船的飞行状态，彼时的"双"飞机仍然是实物。从那以后，航空航天研究人员开始将美国宇航局的路线图称为定义数字孪生的开创性努力。后来，"阿波罗计划"的"双"飞机从实物转变为虚拟产品（数字产品），大大减少了国家的经济支出。

在飞行器设计研发阶段，建立飞行器的数字孪生体，在各部件被实际加工出来之前，对其进行虚拟数字测试与验证，能够及时发现设计缺陷并加以修改，避免反复迭代设计所带来的高昂成本，并有效缩短研发周期。例如，达索航空公司将 3D Experience 平台（基于数字孪生理念建立的虚拟开发与仿真平台）用于"阵风"系列战斗机和"隼"系列公务机的设计过程改进，降低浪费 25%，首次质量改进提升 15% 以上。

在飞行器的制造装配，在进行飞行器各部件的实际生产制造时，建立飞行器及其相应生产线的数字孪生体，以跟踪其加工状态，并通过合理配置资源减少停机时间，从而实现降本增效。例如，洛克希德·马丁公司将数字孪生应用于 F-35 战斗机的制造过程中，期望通过生产制造数据的实时反馈，进一步提升 F-35 战斗机的生产速度，预计可由目前每架 22 个月的生产周期缩短至 17 个月，同时，在 2020 年前，将每架 9460 万美元的生产成本降低至 8500 万美元。

在飞行器的运行维护方面，利用飞行器的数字孪生体，实时监测结构的损伤状态，并结合智能算法实现模型的动态更新，进行飞行器机身寿命预测与维护决策，进而指导更改任务计划、优化维护调度、提高管理效能。

数字孪生技术不仅可以实现模型的动态更新，还能够对飞行系统的性能状态开展在线风险评估，即量化不确定输入（载荷、边界、材料参数等）对飞行可靠性的影响。而后通过虚拟仿真平台，预演不同任务参数下的飞行场景，并量化不同参数下的飞行可靠性，结合大数据分析技术中的各类智能算法，动态优化操作以应对突发工况。通过对系统状态的实时管理，能够提高响应速度，实现效能更高的控制与优化。同时，在系统性能出现显著下降、维修成本不经济之前，进行预测性维护，避免周期性维护的高成本和响应慢的问题，既能够提升系统的可用性，又可以保证安全性和经济性。

（二）智慧炼钢工厂

钢铁行业是多工具、长流程的复杂流程工业。在传统生产过程中，炼钢生产设备内部的各种化学反应、物理变化和重要参数等都从外部无法看出，只有通过大数据、全连接、全协同打通数据孤岛，才能加快整个行业的转型升级步伐。正因如此，钢铁行业拥有"5G+互联网"最丰富和复杂的应用场景。

我国是钢铁生产与消费大国，生产与消费均占全球 50%以上，随着行业的发展以及国家产业政策的调整，钢铁行业开始扩大数字技术应用，迈向智能制造。国内众多大型钢铁厂均自主研发或与其他机构合作开发数字孪生系统，建设智慧炼钢工厂。

本章此处仅以玉溪新兴钢铁有限公司（以下简称"玉溪新兴钢铁"）为例。在北京举行的 2021 世界 5G 大会上，玉溪新兴钢铁的"5G 数字孪生透明工厂"项目入选十大应用案例，随后又荣获 ICT 中国创新奖 2021 年度最佳技术创新应用奖。

玉溪新兴钢铁副总经理王前斌认为，在新一轮科技革命和产业变革中，数字技术正驱动传统制造迈向智能制造，钢铁企业要在变局中实现高质量发展，只有依靠数字技术的高创新性、强渗透性、广覆盖性，推动资源要素快速流动和聚集，重构生产经营组织模式，才能打造新的经济增长点，构筑新的竞争优势。

在母公司数字化转型战略的支撑下，玉溪新兴钢铁于 2020 年 9 月 8 日与中国电信玉溪分公司签订了"5G+工业互联网"战略合作框架协议。双方携手立足 5G 定制网支撑，以数字孪生技术为基座，打通信息交互渠道，构建数据全程流通、控制流程虚拟的生产系统解决方案，立足"整体规划、分步实施，模块先行、阶段过渡"原则建设数字孪生透明工厂。2020 年 10 月 30 日，实现厂区 5G 全覆盖；2020 年 12 月 19 日，完成高炉水渣无人行车首个 5G 应用场景建设；2021 年 3 月，建成数字孪生透明工厂。

玉溪新兴钢铁的"5G+智能安全"是基于前端应用到各岗位的 60 台 5G 对讲机、400 顶智能安全帽和可视化监控平台组成的智能安全管控系统。智能穿戴设备提供定位、通话、报警和视频抓拍、生命检测在内的一系列功能，可视化监控平台提供大数据，有云计算支撑，所构建的智能安全系统为企业安全生产提供有力保障。

从矿石到烧结、从炼铁到炼钢，直至轧材，基于"5G+N"应用场景建设打造数字孪生透明工厂，玉溪新兴钢铁正在钢铁产业链条上不断推进关键工序数字化改造，不断塑造良好工作环境、降低劳动强度、提高生产效率。

对"5G数字孪生透明工厂"感触最深的要算浇钢工罗宏东了。"以前我要戴着防护墨镜和手套，穿着加厚的棉服和防护鞋，站在距离结晶器1米左右的地方，面对超过1500摄氏度的钢水向里面加渣。钢水冷却时冒出的蒸汽可以让周围的温度达到四五十摄氏度，最多干2小时就要换人。"在岗位现场，罗宏东边比画边说："现在，我只要定时查看一下这台自动加渣机器人就可以了。""5G数字孪生透明工厂"在创造更加人性化的工作环境，赋能存量产能降低更多能耗和释放更大效能的同时，还为生产线工人提供了更加全面的劳动安全保护。

五、国内外工业元宇宙进行时

（一）国际工业元宇宙发展概况

实现工业元宇宙所需的一些技术包括物联网已经存在多年。2022年5月，诺基亚首席执行官在世界经济论坛的一次小组讨论中表示，6G网络将在2030年左右进入市场，而"6G的到来将伴随着工业元宇宙的扩张"。工业元宇宙逐渐成为现实。从单个螺丝到整个工厂，物理世界的所有细节都能够在虚拟空间中被复制。国际上，科技巨头企业纷纷涉足工业元宇宙。

科技巨头微软在元宇宙的最新动向已扩展至工业领域。2022年5月，微软宣布工业机器人领域的世界领先企业川崎重工成为首个使用其"工业元宇宙服务"的客户。据悉，川崎重工将使用微软云计算平台Microsoft Azure和混合显示耳机HoloLens等微软技术产品，来帮助生产、维修和管理供应链。除川崎重工外，享誉世界的酿酒商百威英博、番茄酱制造商亨氏也是微软工业元宇宙的商业合作伙伴，工业元宇宙在对两家公司供应链优化上起到了相当大的效用。

另一个科技巨头英伟达的 Omniverse 被定位为"工程师的元宇宙"，是一个用于复杂设计工作流，端到端实时协作和真实仿真平台。宝马集团是英伟达 Omniverse 最大的合作伙伴。通过对 Omniverse 的使用，宝马能够协调全球 31 座工厂的生产，据悉生产规划效率将提高 30%。此外，基础设施工程软件公司 Bentley 利用 Omniverse 来优化能源基础设施。2022 年 7 月，高性能云计算服务商 Rescale 宣布与英伟达达成合作，将 Nvidia GPU Cloud（NGC）集成到其用于高性能计算（HPC）应用程序的容器库中，帮助企业构建数字孪生并打造工业元宇宙的基础构建模块。据悉，韩泰轮胎已经在 Rescale 与英伟达合作构建的工业元宇宙中进行新轮胎设计研发，包括在虚拟世界中进行各种"数字孪生轮胎"的测试工作，继而加快产品开发速度。

（二）国内工业元宇宙发展概况

国内各方也在持续探索工业元宇宙。从政策法规上看，我国中央和各地方政府都支持发展与数字经济相关的新技术、新业态，有利于元宇宙概念在各行各业的引入。习近平总书记在中共中央政治局第三十四次集体学习时强调："充分发挥海量数据和丰富应用场景优势，促进数字技术与实体经济深度融合，赋能传统产业转型升级，催生新产业新业态新模式，不断做强做优做大我国数字经济。"2022 年以来，元宇宙已成为多个地方政府的规划重点。上海、广州、无锡、武汉等多地的相关政策显示，地方政府均鼓励元宇宙在包括工业制造、社交娱乐等领域的应用，推动元宇宙与实体经济相融合。

2022 年 8 月，工信部副部长王江平在京调研虚拟现实等新一代信息技术在工业制造领域应用情况，并召开有关企业座谈会。座谈会上，虚拟现实、钢铁行业有关企业围绕"虚拟现实等技术助力行业降本增效"进行了交流讨论。

会议强调，要针对虚拟现实等新一代信息技术如何赋能工业领域开展深入研究，进一步加快虚拟现实等技术在各行各业应用，瞄准行业痛点、难点，不断提高应用的深度和广度。要加强政策宣贯和供需对接，加快推动新模式、新场景、新业态落地推广，努力实现虚拟现实产业和工业制造领域的双向赋能。

从技术角度来看，元宇宙相关的国产软硬件落后于国际一流水平。从人口和国情来看，中国拥有庞大的用户群体和高内容消费能力，这将有助于培育与元宇宙相关的产业，成为中国企业在元宇宙赛道上的最大优势。针对国内外工业元宇宙发展存在的不同之处，中关村大数据产业联盟秘书长赵国栋概括道："国外企业在技术积累上更深厚，但国内的应用场景会更加丰富"。

第十章
元宇宙合规之底层技术的法律风险与规制

元宇宙背后支撑的技术包括：区块链、深度合成、数字孪生、虚拟现实（VR）等①，虽然元宇宙涉及将人们的生活、娱乐乃至工作场景从线下转移到线上，然而，个人的身份也将面临场景切换，在此过程中，个人的人身权及信息权益同样面临被侵害的法律风险，规制元宇宙的各项技术是人们由 Web 2.0 平稳过渡到 Web 3.0 的必然要件。

一、元宇宙的运行机制：区块链

区块链技术作为元宇宙的基石，各类开放式应用构建于底层区块链基础设施之上，然而，跨境监管交易造成的管辖不明以及用户匿名化对于责任追究造成的困难，都成为应用区块链技术的法律风险。

（一）区块链产业创新发展的背景

区块链是新一代信息技术的重要组成部分，基于强共识原理集成分布式网络、加密技术、智能合约等多种技术实现的分布式数据存储基建，通过数据透明、不易篡改、可追溯，有望解决网络空间的信任和安全问题。与现实世界一样，在元宇宙的世界里，同样需要具有一套完整的经济体系。而虚拟货币、分

---

① 元宇宙的底层技术有哪些？[EB/OL].［2022-07-17］. http://m.bitjys.com/e/action/ShowInfo.php?classid=3&id=18028.

布式金融等区块链相关技术正是构建这个虚拟世界中金融秩序的最佳选择。在虚拟世界中，当身份、物品、货币被区块链技术赋能后，会形成比现实世界更加分散的虚拟金融市场。

以区块链技术为基础设施，互联网发展逐渐进入价值互联网时代。所谓价值互联网是人们通过共同信任的某种技术机制，陌生人之间产生数字资产流转不依赖于中央银行发行的货币作为媒介，即可在网络环境内实现无国界循环式流通，弱化现实世界的金融支撑和制度供给的必需性。基于区块链运行的元宇宙所创造的信任，不再是参与者对某个权威的信任，而是参与者通过技术基建实现对"少数服从多数的投票共识"信任。价值互联网会冲击传统的法律理念，这是生产关系的巨大变革，必将影响法律对于权责利的分配原则，从而形成新的分配体系。

在国家战略层面，区块链技术已经被视为国家治理与社会治理的重要技术支撑。比如《中华人民共和国国民经济和社会发展第十四个五年规划和2035年远景目标纲要》，将区块链列为七大数字经济重点产业之一。在区块链产业布局方面，将技术创新与行业应用作为重点内容。[1]

（二）区块链的法律风险[2]

1. 跨境交易监管不明，司法管辖难以确定

传统的跨境交易都有银行作为中间机构进行统一监管，因为银行具有较为完善的管理体系，可以有效地对交易行为进行监管。在区块链技术支持下的资产跨境转移，如跨境交易、跨境支付等，则不需要第三方机构即可完成。虽然这在一定程度上提高了跨境交易的效率，但区块链去中心化也颠覆了传统的金融交易规则，冲击了现行的监管制度。如果某项交易行为在境外合法，而在我国境内却违反了相关法律，那么利用区块链技术向我国境内公民提供服务，是

---

① 马明亮. 区块链司法的生发逻辑与中国前景 [J]. 比较法研究，2022（2）：15-28.
② 翟新丽，于寒. 区块链去中心化的法律治理研究 [J]. 金陵科技学院学报（社会科学版），2022（1）：23-28.

否应当以违反了我国的法律而被追究法律责任？在跨境交易监管不明的情况下，一些犯罪分子在区块链平台上层层操作转手洗钱的违法犯罪活动也日益猖獗。这些问题亟待解决。

区块链网络中的用户都是匿名的，在被告身份无法确定时，没有专门的中心机构为节点的运作承担法律上的责任，也没有中心机构对节点进行监管，无疑是对传统地域管辖的一大挑战。在出现涉及我国和他国的区块链纠纷案件时，可能会出现案件侵权行为地和合同履行地分别在我国和他国的情况，由此就会产生不同乃至冲突的司法管辖。在适用法律过程中，如何利用现有《中华人民共和国民事诉讼法》和相关司法解释确定司法管辖或实现法院排他性管辖也是一大难题。此外，一些不法分子利用比特币等虚拟货币在区块链平台上进行涉嫌欺诈的 ICO（Initial Coin Offering，即首次代币发行）融资、恶意逃税等非法活动，而在惩治犯罪分子时由于地址不明，身份无法确定，经常出现法院之间相互推诿的现象，案件审理难以开展。

2. 用户匿名化，责任追究困难

匿名化可以理解成去中心化的衍生特征。区块链各节点之间没有信任机制，也无法识别对方身份信息，只通过节点地址和共识机制进行信息交换，即使获取了节点上完整的区块信息，也无法知晓用户的真实身份，由此引发责任追究困难问题。

以智能合约为例，匿名化的特点可能会使合约当事方以匿名的方式或者虚假的身份出现。这虽然有利于保护当事方的个人隐私，但是也存在隐患。一方面，匿名当事方的民事行为能力难以辨别，在某些情况下可能导致合同无效或可撤销等情况发生；另一方面，当合约当事方没有输入正确代码，导致其真实意思无法准确表示，造成损害或产生争议时，受害方难以通过诉讼等方式获得救济。即使可以通过缺席判决进行裁决，但也可能由于当事方匿名化特征，致使判决后的执行程序根本无法进行，判决成为一纸空文。

3. 缺乏有效的合规监管，或为涉非资产提供流通环境

以虚拟货币为核心的金融活动将会是元宇宙世界中价值交换的重要途径或

媒介。尤其是当前以区块链技术为核心的虚拟货币已经被大众熟知。因此，在考虑成本、应用场景、使用受众等因素后，比特币、以太坊、泰达币等非国家化的虚拟货币被直接引入元宇宙世界的可能性将非常高。虚拟货币及其衍生品交易、去中心化金融、非同质化资产交易等将会成为元宇宙世界的虚拟金融市场中占比较高的金融活动。当前整个虚拟货币市场总市值约为 1 万亿美元，约合 6.7 万亿元人民币。其中，比特币、以太坊、泰达币等主流币种总市值约为 7900 亿美元，约合 5.29 万亿元人民币。这些主流币凭借其广泛的共识及用户触达率，未来均有可能作为元宇宙中虚拟世界金融市场的流动性资产，甚至作为虚拟世界金融债券的发行基础锚定物。虚拟货币将这类方便快捷的金融模式带入元宇宙的同时，也将诸如洗钱、诈骗、集资、传销等金融风险带入这个虚拟世界金融市场。以当前市场火热的 DeFi（去中心化金融）为例，自 2021 年至今，DeFi 领域由于黑客攻击而造成的资产损失总计超过 13 亿美元，约合 84.5 亿元人民币。

（三）区块链技术的法律规制①

1. 区块链规制的国内政策

从国际上看，全球各国或是出台推动元宇宙行业发展的相关政策或表达了对元宇宙发展的支持，我国国内也在号召理性看待元宇宙及虚拟世界现状的同时，积极探究元宇宙经济良性发展路线，加紧布局元宇宙赛道，多地出台元宇宙试点建设方案，方案中除对元宇宙业态驱动经济提出多种鼓励补贴政策外，同时着眼于探索数字资产监管模式，建立合规交易制度。

国家互联网信息办公室发布的《区块链信息服务管理规定》（以下简称《区块链规定》）是我国目前关于区块链最为直接、全面的法规依据。《区块链规定》规定了区块链服务提供者、使用者的各种法律义务，主要有：区块链服务提供者需要建立信息审核、安全防护等管理制度，具备相应的专业技术

---

① 翟新丽，于寒. 区块链去中心化的法律治理研究［J］. 金陵科技学院学报（社会科学版），2022（1）：23-28.

条件，公示平台公约并与使用者签订协议，对使用者进行实名认证，开发新产品或新功能前向网信办申请安全评估，对违约使用者采取警示、限制功能、关闭账号等处置措施，并向有关主管部门报告以及保留发布内容及日志等。①

2. 区块链的法律合规建设

前文提到元宇宙的虚拟世界金融市场中极易出现诸如比特币、以太坊、泰达币等虚拟货币相关风险。这类虚拟货币的匿名性、难追踪、易跨境等特点是其被应用于元宇宙中的主要原因。从货币交易角度来看，上述这类虚拟货币在全球具有较为广泛的共识及使用，可以支撑元宇宙虚拟经济的货币兑换及流转。同时，NFT（非同质化虚拟货币）作为可以直接桥接元宇宙中虚拟身份、虚拟资产的媒介，其在当前的金融市场中已经成为锚定部分实际资产的链上凭证，以数字化形式记录、存储、交易、转移，充当支付媒介或投资标的的一种虚拟化价值载体。掌握了区块链钱包地址（私钥）的一方，便是掌握了实际资产的一方。同时，为了避免元宇宙产业中无监管的数字资产转移所引发各类风险，需要在满足密钥拆分、环签认证、资产风险识别等嵌入式合规监管的条件下进行数字身份的映射以及数字资产的转移。在元宇宙世界中，构建于底层区块链基础设施之上的各类开放式应用都需要用户在使用时通过持有钱包进行独立的授权，保证现实世界与虚拟世界间身份的 1∶1 映射，进而促进元宇宙经济在监管可控的环境中保持良性发展势头。

二、元宇宙的生成逻辑：深度合成

深度合成技术是元宇宙深度学习和虚拟现实的代表，其通过合成类算法制作元宇宙不可或缺的文字、音频及视频内容。然而，深度合成若无法把握内容的真实性或者造成隐私泄露，都会危及元宇宙的内容生产。

---

① 区块链现行法律及合规概览:年轻但并非无法可依（上）［EB/OL］．［2019-11-05］．https：//lvdao. sina. com. cn/news/2019-11-05/doc-iicezuev7236612. shtml.

（一）深度合成技术的原理与应用

深度合成技术，是指利用以深度学习、虚拟现实为代表的生成合成类算法制作文本、图像、音频、视频、虚拟场景等信息的技术。例如，曾风靡一时的 AI 换脸 App ZAO 可以根据用户上传的照片自动替换影视中角色的脸，制作出由用户"出演"的小视频。[①]

（二）深度合成技术的法律风险[②]

1. 技术异化风险

深度合成技术具有泛在的使用性，当核心技术攻关和开源软件公布后，技术的普及成本逐渐降低，普通民众无须经过专业的训练就能较快地掌握操作方法。随着深度合成技术在多场景之中的推广应用，技术异化的风险也越发增大，诸如滥用技术制作虚假视频和伪造不实言论侮辱、诽谤、恐吓他人等例子，将对个人权益、社会稳定、国家安全构成威胁。

2. 信息失真风险

越来越难以跨越的数字鸿沟把人们划分为掌握信息技术的人和无法获得信息技术的人，当信息技术掌控者利用深度合成技术制造虚假信息引导舆论发展的方向时，大量的相似信息使得公众易于相信其中的内容，若不及时消除风险，将使人们长期处于真假难辨的社会环境之中，当人们对自己了解的信息都产生怀疑和不信任时，官方媒体和政府机构的公信力也会遭到冲击，扰乱稳定的公共秩序。

3. 信息泄露风险

深度合成技术以数据搜集和计算为运行基础，需要收集人脸等生物识别信息，其通过四通八达的网络线路广泛搜集拟合成对象的脸部神态、声音强调等个性化信息，并存入数据库中，若出现技术漏洞被黑客入侵窃取，或被技术使

---

①② 万志前，陈晨. 深度合成技术应用的法律风险与协同规制 [J]. 科技与法律，2021（5）：85-92.

用者不当利用，将面临生物识别信息这一敏感个人信息被泄露和滥用的风险，严重威胁个人安全和社会稳定。

（三）深度合成技术的法律规制

我国已加快布局对于深度合成技术的法律规制，国家互联网信息办公室起草了《互联网信息服务深度合成管理规定（征求意见稿）》，明确了深度合成服务提供者主体责任。要求建立健全算法机制机理审核、信息内容管理、从业人员教育培训等管理制度，建立技术保障。另外，深度合成服务提供者应制定并公开管理规则和平台公约，对用户进行实名认证，加强内容管理审核，并定期审核算法机制。[①]

三、元宇宙的世界蓝图：数字孪生

将个人身份以及主要的生活、娱乐乃至工作内容由线下转移至线上，数字孪生技术不可或缺，数字孪生的算法黑箱问题是其主要的法律风险点。

（一）数字孪生的基本概念

数字孪生宜被理解为：通过数字化的手段对现实世界中的对象在数字世界中构建对应的实体，借此来实现对现实世界的了解并以此促进决策优化。[②]

（二）数字孪生的法律风险[③]

1. 算法黑箱化

数字孪生时代算法规制不能逃避的首要问题就是算法的黑箱化，即人们无

---

① 国家网信办拟规定:深度合成服务提供者应建立健全辟谣机制［N/OL］. 中国新闻网，［2022-01-28］. http://tech.china.com.cn/internet/20220128/384703.shtml.
②③ 衣俊霖. 数字孪生时代的法律与问责:通过技术标准透视算法黑箱［J］. 东方法学，2021（4）：77-92.

法知晓算法的具体运作方式，只能大致推测与该算法有关的数据。例如，人们大致知晓健康码的计算规则与所处地区的风险水平、人员接触情况等信息有关，但无法知晓具体的计算公式和参数权重。除非穿透算法界面层，否则无法知晓黑箱内部的运作情况。

2. 黑箱的法律复杂性导致问责失效

虽然人们无法理解算法的具体运作方式，但算法造成的法律后果是显而易见的。如果仅根据法律结果对算法提供者进行问责，会因无法知晓算法内部的因果关系或系统间的因果关系而无法确定责任主体，决策者可能也是依据具体的算法结果进行决策，此时决策责任就会变得模糊。因此，如果需要问责，算法黑箱无法显示因果关系或者至少导致因果关系复杂化，则会妨碍问责。

3. 披露算法内部逻辑的可行性困境

代码层面的算法透明最显而易见的阻力来自商业秘密，此外其他负面影响还包括增加公众的认知负担、侵犯国家机密等。如果无法披露代码，比较温和的方式是披露算法公示及参数权重。但是，公式和参数的披露也可能需要披露商业秘密乃至国家秘密，并且复杂的算法大多无法被简单化为公式或参数权重。

（三）数字孪生的法律规制

1. 数字孪生规制的国内政策

《互联网信息服务算法推荐管理规定》明确了对于算法推荐服务提供者的用户权益保护要求，一是算法知情权，要求告知用户其提供算法推荐服务的情况，并公示服务的基本原理、目的意图和主要运行机制等；二是算法选择权，要求向用户提供不针对其个人特征的选项，或者便捷的关闭算法推荐服务的选项。[①]

---

① 解读《互联网信息服务算法推荐管理规定》［EB/OL］.［2022-01-04］. http://www.gov.cn/zhengce/2022-01/04/content_5666428.htm.

2. 数字孪生的法律合规建设[①]

数字孪生应用涉及基础设施、测绘、GIS、建模、仿真、BIM、大数据及人工智能等多个支持系统及应用系统的集成，不同系统之间涉及大量的数据交互，且数据敏感度极高，系统的网络安全风险极大，因此必须依法开展该等系统的网络安全合规建设。具体合规要求包括但不限于：

（1）应当按照《中华人民共和国网络安全法》《网络安全审查办法》等开展网络安全审查，重点审查系统安全风险和业务连续性等风险。

（2）应当按照《中华人民共和国密码法》《中华人民共和国网络安全法》等开展系统密码应用合规审查，依法开展密码安全评估。

（3）应当参照《中华人民共和国网络安全法》《网络安全等级保护条例（征求意见稿）》《贯彻落实网络安全等级保护制度和关键信息基础设施安全保护制度的指导意见》等要求，依法开展网络安全等级保护定级、备案及测评等工作。

（4）应当参照《中华人民共和国网络安全法》《关键信息基础设施安全保护条例（征求意见稿）》《贯彻落实网络安全等级保护制度和关键信息基础设施安全保护制度的指导意见》等要求，依法开展关键信息基础设施识别、边界防护、安全保护、跨境限制、安全产品准入等合规要求。

（5）应当按照《中华人民共和国网络安全法》《中华人民共和国出口管制法》等开展进出口管制合规审查；使用境外第三方开源代码的，还应当审查授权合法性等。

四、元宇宙的虚实界面：虚拟现实

虚拟现实作为元宇宙达成虚实交互的关键技术，对于主体间身临其境的交

---

① 数字孪生应用中的主要数据合规问题［EB/OL］.［2022-01-12］. https://www. infoobs. com/article/20210112/44721. html.

流沟通至关重要。然而，当虚拟和现实的界限逐渐模糊，人身侵权问题、内容生态治理以及著作权侵权的法律风险不容忽视。

（一）虚拟现实的基本概念

虚拟现实（VR）是一种由计算机技术辅助生成的高仿真 3D 模拟系统。其主要原理在于通过计算机模拟出一个具有视觉、听觉、触觉等多种感知的虚拟环境，允许用户采用多种交互设备同虚拟环境中的实体相互作用，为信息交流营造一种身临其境的感觉。

（二）虚拟现实的法律风险

1. 游戏场景下的人身侵权问题

当前 VR 技术尚不成熟，而 VR 内容又能够让人深刻地体验到虚拟世界带来的沉浸感，特别在玩游戏时人们会对周围状况暂时失去感知，同时会不自觉地加大身体的动作幅度，容易对自己或者他人造成伤害。例如，2017 年 1 月，昆明的陆女士在商场体验 VR 的过程中，由于游戏中的环节是"跳楼"，必须迈开双腿起跳，结果陆女士起跳后正面摔倒，导致脸部受伤；2018 年 8 月，上海的周女士同样在体验 VR 时，由于在游戏中必须要从高空木板上走过，而同行的朋友见其迟迟不敢往前走，便试图推着她前行，周女士受到惊吓身体失去平衡，导致腿部受伤。[①]

2. 虚拟不良内容泛真实化

VR 依托互联网的发展而兴起，在充分享用互联网发展成果的同时，也不可避免地要面对有害内容管控的难题。现阶段，人工智能技术的引入导致虚拟色情、暴力类明显违反相关法律法规要求的信息在展示和互动中更显真实，普通大众尤其是青少年人群长期接触此类不良信息极易导致在真实现实中的迷

---

① 曾幸. 虚拟现实场景下的人身侵权问题探析 [J]. 中阿科技论坛（中英文），2021（10）：171-176.

失，甚至带来严重的道德缺失和认知障碍。因此，如何对违规应用或违规内容实现分级分类治理、如何引导人工智能在 VR 中的正面应用、如何更有效地创造网络生态的清朗空间已成为制约 VR 产业快速健康发展的重要因素。[①]

3. 虚拟现实著作权风险隐患

在 VR 成本持续走低并渗入大众生活之际，用户身份的转变与技术成本的降低难免会在新技术使用的历程中带来著作权侵权困境。最为复杂的著作权风险隐患主要集中于转换 VR 三维数字模型的过程中，原因在于无论 VR 作品以何种形式表现，VR 最终的可视化虚拟产品均需经过三维数字模型的建模及转化，这便要求 VR 技术下的转换模型应符合《中华人民共和国著作权法》对作品独创性等构成要件的规定。但在实践中，VR 三维数字模型从数据收集、模型转换再到模型渲染直至建模完成这一套程序所牵涉的独创性判断、异维复制、合理使用等著作权问题亦不是简单套用著作权元理论即可评判厘清的。[②]

（三）虚拟现实的法律规制

我国虽然还没有就虚拟现实制定直接、全面的法律法规，但依据现有的法律体系，上述问题已有初步解决路径可循。

首先，针对消费者人身侵权的救济，当消费者沉浸在虚拟世界时，由于某种原因造成了自己身体上的伤害，应该明确事故是如何发生的，是由于消费者自身的问题，还是 VR 产品质量、VR 内容问题，即这种情况是消费者自担风险，还是产品生产者、经营者、销售者，抑或是平台供应商、软件开发者承担侵权责任。人民法院通常以《中华人民共和国民法典》第一千一百六十五条第一款以及《中华人民共和国消费者权益保护法》第十八条为依据对涉及 VR 人身伤害案件作出裁决，认为经营者存在未积极采取有效措施，履行安全保障

---

① 陈曲，王心丹，郭欣欣. 虚拟现实新阶段:浅谈人工智能时代下 VR 技术的发展 [J]. 网络安全技术与应用，2022(3)：125-127.
② 田小楚，马治国. 论虚拟现实三维数字模型著作权法的适用问题与完善路径 [J]. 上海交通大学学报(哲学社会科学版)，2021(3)：72-80.

义务的过错，致使消费者的人身权益遭受损害，应当承担侵权责任。①

其次，针对网络信息内容生态治理，《网络信息内容生态治理规定》明确网络信息内容生产者要遵循公序良俗，加强网络文明建设，不得制作、复制、发布规定禁止的违法信息内容，并采取一系列措施，防范和抵制制作、复制、发布规定明确的不良信息内容。网络信息内容服务平台应当重点建立网络信息内容生态治理机制，制定和完善内容生态治理规则和健全平台管理制度。②

最后，在 VR 三维数字模型的著作权内容解构方面，从 VR 技术的成像效果观之，模型转换行为可理解为把载有相关参数的数字文件通过 VR 终端设备转化为可视化的三维立体产品。三维数字模型是将线条、色彩、结构等综合元素集中于一体的表达形式，利用思想与表达二分法可演绎为，一张普通的风景照片通过 VR 技术转换为三维数字模型后，人们从 VR 设备感知到的将是带有新的表现形式和意境的"场景再现"，这种二维到三维模型的转换给 VR 产品带来了具有强烈表达色彩的独创性。当然，尽管三维数字模型具有作品的本质特征，但这并不意味着其普遍具有构成作品的条件，还需要根据模型转换的来源渠道和独创性成分具体分析。③

---

① 曾幸. 虚拟现实场景下的人身侵权问题探析 [J]. 中阿科技论坛（中英文），2021（10）：171–176.

② 深度解读《网络信息内容生态治理规定》[EB/OL].［2022 – 03 – 03］. https://www. guancha. cn/politics/2020_03_03_539625. shtml.

③ 田小楚，马治国. 论虚拟现实三维数字模型著作权法的适用问题与完善路径 [J]. 上海交通大学学报（哲学社会科学版），2021（3）：72–80.

Surfing Web 3.0

with
Metaverse Compliance Guideline

第四篇 | 治理篇

第十一章

数字藏品"确权"：权利内容与分配机制

一、数字藏品"确权"，我们在谈论什么？

独一无二、不可篡改、流程可追溯的特性使得数字藏品迅速成为市场的"宠儿"，技术层面上生成通行凭证的唯一性充分满足了数字时代下对于独特性的巨大需求，成为了收藏者争先恐后涌入的巨大动力。从行业发展角度而言，技术发展实现了数字藏品"确权"，激活了数字交易潜力，此时在法律层面上明确"确权"的内容，对数字藏品市场参与主体所享有的权利内容进行解析，并通过规范授权许可文件、用户协议、智能合约等对各参与主体的权利进行合理分配和约束，对于保护数字藏品市场正常的交易秩序具有重要意义。

（一）民法视角下的数字藏品财产权益属性

《中华人民共和国民法典》第一百二十七条明确规定，网络虚拟财产受法律保护，法律层面对于网络环境下的财产性权益保护予以回应。[①] 较为原则性的规定并未明确网络虚拟财产的特定含义，而在肯定权益保护的基础下，为互联网创新留下了充分的空间。

讨论网络环境下的财产保护，其关键在于网络上以"电磁信号"形式存在的"数据"是否具备可保护的财产性权益以及是否具备法律保护的可行性。相

---

① 《中华人民共和国民法典》第一百二十七条规定："法律对数据、网络虚拟财产的保护有规定的，依照其规定。"

较于传统物权语境下的产权登记制度，技术加持的数字藏品通过唯一凭证实现了权益的确认，也为数字藏品流转提供了可能性，明确了权益保护的特定范围。在此种背景下讨论数字藏品的财产权益属性对于护航数字藏品市场的发展具有重要意义。

（二）数字藏品与知识产权

技术发展与知识产权保护相辅相成。传统的著作权制度建立在实物作品基础上，数字时代的作品模式也需要法律予以回应。数字藏品的出现营造了全新的作品使用方式，在"有形的作品、线下的流转"和"无形的作品、线上的许可"之外，产生了全新的网络数字交易市场。[①] 数字藏品上附着的"IP 价值"和创造艺术性是对于数字藏品价值的直接加成，也是除唯一性之外导致其市场火爆的重要原因。表 11-1 呈现了一些具有代表性的国内知名数字藏品，包括敦煌飞天、九色鹿、梵高艺术作品等。

表 11-1　部分数字藏品平台的典型数字藏品

支付宝×敦煌美术研究院：敦煌飞天、九色鹿付款码皮肤	
幻核发行文森特·梵高——向阳而生数字印象	

---

① 陶乾. 论数字作品非同质代币化交易的法律意涵［J］. 东方法学,2022(2)：70-80.

从目前数字藏品特定内容的类型来看，涉及著作权法上的美术、摄影、音乐、文字、录音制品、录像制品等多种作品类型，因此也相应涉及不同的权利内容。数字化也为作品的展现形式提供了更多可能，从创作类型来看也会对权利行使产生不同的影响（见表11-2）。

数字藏品类型	涉及的权利内容[①]
原创型作品	复制权、发行权、展览权、表演权、信息网络传播权、改编权、汇编权
复制型作品	复制权、发行权、展览权、信息网络传播权
演绎型作品	复制权、发行权、展览权、表演权、信息网络传播权、改编权、汇编权

表11-2 不同类型数字藏品涉及的权利内容[①]

基于数字藏品的特定属性，在考虑其财产性权益保护的基础上，创造性价值的保护也应当被纳入考量。包括数字藏品流转过程中相关主体对于知识产权权益的分配，如作品上链铸造的行为性质认定。数字化环境下的"数字藏品展览"，也可以从创造激励的角度对于版税分配予以考量。允许版权人基于创造获得相应的收益是促进创新的重要动力，因此如何通过数字藏品市场实现创新的价值也是参与者所共同关注的问题。

数字藏品和区块链版权登记、司法存证都是基于相同底层技术延伸出的不同层面的版权保护和应用场景，尽管技术本身不可篡改和可追溯的特性为版权保护提供了更方便的路径，但也应当明确，技术本身无法产生法律意义上版权确认的效力，尤其是在目前的数字藏品市场运行下，针对现有作品数字化上链过程中所涉及的版权问题也应当根据具体的场景予以分析。

（三）数字藏品的财产权益属性与知识产权权益之平衡

一方面，数字藏品的本质是唯一权益凭证，该凭证代表的是具有交易价值的特定的数字商品，通过明确具体的权益范围从而产生确权的效力。另一方

[①] 实践中需要根据具体的作品类型确定相应的权利内容，数字藏品的交易内容为数字化内容，交易产生的法律效果表现为财产权的转移，因此是否落入发行权的控制范畴还存在一定的争议，表格内容仅针对数字藏品涉及常见作品类型的相关权利进行简要列举，仅作参考。

面，数字化后的数字藏品也是作品的重要存续形式，在知识产权层面对其进行独立的保护也不可或缺。因此，讨论数字藏品的财产性权益保护与知识产权权益保护之间的联系在于，保护创作、刺激创新，保护财产、促进市场，创新和市场可以良性发展。所以，在这一前提下，良好的设计创作者与平台间的协议、平台和用户间协议，以实现数字藏品财产权益保护与知识产权保护之间的平衡，精准认定权利归属，便显得尤为重要。

传统著作权立法背景下，作品原件所有权的转移，不改变作品著作权的归属，但美术、摄影作品原件的展览权由原件所有人享有。由此可知，除非有明确的著作权转让约定，著作权并不随着作品的交易进行而发生转移，即著作权仍然归属于原始的著作权人。从目前的实践情况来看，大部分数字藏品交易平台在用户协议中对于知识产权权益和用户权益的内容进行了约定，对数字藏品的著作权进行了保留（见表 11-3）。

表 11-3　国内部分 NFT 交易平台用户协议中列有的版权保留条款	
平台名称	用户协议中的版权保留相关条款
鲸探	您理解并同意，数字藏品的版权由发行方或原作创作者拥有。除另行取得版权权利人书面同意外，您不得将数字藏品用于任何商业用途。除平台规则或平台功能允许外，您获得的数字藏品应仅用于自身收藏、学习、研究、欣赏和展示目的，不得用于任何其他目的
幻核	您理解并同意，数字藏品的知识产权由发行方或其他权利人拥有。上述权利并不因您购买数字藏品的行为而发生任何转移或共享。除另行取得拥有数字藏品知识产权的权利人书面同意外，您不得将数字藏品用于任何商业用途。未经腾讯或相关权利人书面同意，您不得为任何商业或非商业目的自行或许可任何第三方实施、利用、转让上述知识产权
唯一艺术	唯一艺术版权作品权益须知:著作权人同意，在交易完成后，您将获得该数字艺术品除人身权利外的其他著作权（包括复制权、发行权、出租权、展览权、表演权、放映权、广播权、信息网络传播权、摄制权、改编权、翻译权、汇编权等） 唯一艺术衍生品作品权益须知:发售方同意并承诺，在交易完成后，您即享有对该数字艺术品进行占有、使用、处分的权利 特别提示:您对该数字艺术品的占有、使用、处分不得侵犯作者著作权，即您只能以合理的或著作权人可预见的方式展示、展览、汇编该数字资产中载有的作品，亦可向其他人转让该数字艺术品。如您需要对该数字艺术品做出复制、出租、改编、放映、广播或进行网络传播等涉及作品著作权授权的行为，您应获得著作权人的相应授权，并订立相关的协议

续表

平台名称	用户协议中的版权保留相关条款
NFTCN	著作权人授权并同意，著作权人如选择采用数字许可作品形式销售作品，数字许可作品在交易完成后，购买方在持有数字许可作品期间将获得该作品全球范围内永久性的著作权使用许可授权，该许可为非排他性的，可转让的、不可转许可的权利。购买方在持有数字许可作品期间可将作品用于广告、印刷、出版物、产品包装、设计、视频、动画、游戏等用途。购买方可将数字许可作品进行转让，受让方在受让数字许可作品后，该许可授权将转移至受让方。如数字作品许可持有人需要，著作权人应配合购买方进行著作权转让备案登记 数字作品许可持有人在使用数字许可作品时，不得进行任何丑化、诋毁或其他任何违反法律法规的行为。数字作品许可持有人在将数字许可作品转让后，即失去该作品的著作权使用权利，应立即停止对该作品的使用行为

以上用户协议内容体现了从数字藏品平台角度，对于数字藏品财产权益属性与所附着的知识产权权益的初步探索。而在数字交易的背景下，关于权利内容与分配机制的讨论也成为行业关注的重点。

二、数字藏品产业链中所涉及的权利内容与分配机制

数字藏品热度持续上升，大型平台抢占先发优势迅速布局，专业性机构随之入场，市场规模不断扩大，内容、技术、场景共建行业生态，目前围绕数字藏品已经初步形成了贯穿数字藏品创作、铸造、发行、流转的完整生命周期产业链条（见图11-1）。

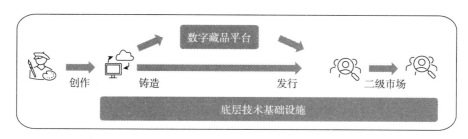

图 11-1　数字藏品产业链的一般形态①

---

①　目前中国境内数字藏品市场主要涉及创作、铸造、发行等阶段，仅部分平台设置转赠、交易功能实现数字藏品二级市场流转。从现行市场发展情况来看，避免二级市场炒作风险和数字藏品"去金融化"已经成为行业的基本共识。

版权方（包括原始权利主体及相关授权方）、发行方、底层技术基础设施、交易平台等是行业链条上下游重要的参与主体，实践中由于具体业务场景不同，同一主体也会扮演多种角色。因此，在数字藏品同时兼具财产性权益和知识产权相关权益的情况下，考虑权利分配的问题，需要结合具体环节下商业运作的基本模式。

（一）数字藏品创作

无限可能的创新为数字藏品的价值提供了充分的空间，版权方源源不断的创意注入是数字藏品市场得以发展的活力来源。从现行市场发展的情况来看，除版权方自行完成数字藏品创作、铸造、发行、交易的全部阶段外，创作阶段数字藏品合作的模式主要分为两种：一种是著作权人直接与发行方、技术方、数字藏品平台进行合作，如目前市场上博物馆 IP 数字藏品的开发，博物馆可以直接与数字藏品平台进行合作，通过数字藏品平台提供的技术进行数字藏品铸造并后续通过平台发行，更多基于相关知识产权本身所具备的价值属性；另一种是第三方机构通过授权的方式代表相应的著作权人就与数字藏品的有关事项与发行方、技术方或平台方达成一致，这种模式基于集聚以及规模效应，有助于交易成本的降低，同时有利于实现对知识产权及相关权益的集体管理，市场上也较为常见（见图 11-2）。

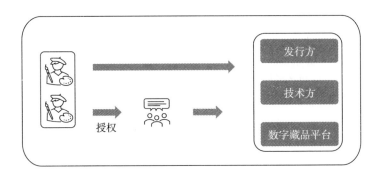

图 11-2　数字藏品创作

上述模式的区别在法律实践中也会相应体现。从与著作权人直接合作场景角度来看，需要重点关注权利本身是否存在瑕疵，更容易从 IP 衍生以及版税分配角度实现提前布局。而在涉及第三方机构的合作场景中，除权利本身外，第三方机构的经营范围、经营资质、授权许可范围也会对合作中的主体权利义务产生一定的影响。在数字藏品市场火热的情况下，授权多层转包模式提高了交易效率，但过程中如果没有建立明确的授权审查制度及资质审查制度，不仅存在引发知识产权纠纷的潜在法律风险，最终也会损害消费者的正当权益，对平台生态产生负面影响。因此在数字藏品的创作阶段，如何确认数字藏品内容所涉及的知识产权权益，如何通过协议实现权益的合理分配，如何审查相关知识产权权益的权利内容，是需要重点关注的问题。

（二）数字藏品铸造

数字藏品铸造的本质实际上是利用区块链技术在链上为相应内容生成唯一标识，作为权利凭证，基于其唯一性、不可篡改以及可追踪性，使得数字藏品市场成为可能。目前区块链包括公有链、联盟链以及私有链，其中公有链和联盟链是中国境内数字藏品布局的主要阵地（见表11-4）。

表 11-4　中国主要数字藏品平台区块链分布情况	
平台名称	所在链
鲸探	蚂蚁联盟链
幻核	至信链（联盟链）
阿里拍卖	蚂蚁联盟链
灵犀	至臻链（联盟链）
百度超级链数字藏品	百度超级链（联盟链）
网易星球	网易区块链（联盟链）
洞壹元典	百度超级链（联盟链）
元视觉数字藏品	长安链（联盟链）
Hi 元宇宙	骏途链（联盟链）
唯一艺术	以太链

续表

平台名称	所在链
数藏中国	BSN 链
Bigverse	以太坊侧链
J-art 乐享艺术	SOLANA 公链

数字藏品铸造建立于区块链技术之上，所以区块链技术的开发应用企业目前是数字藏品市场主要的技术服务提供者。从技术服务提供的角度来看，目前市场上主要的模式包括：独立的技术服务提供者，常见于为版权方自行独立发行数字藏品的业务场景，为其提供相应技术支撑；除此之外，也存在数字藏品平台在数字藏品发行和流转的场景下，进一步提供相应的数字藏品铸造服务的模式，一方面能够丰富平台本身的生态，另一方面也可以作为单独服务予以提供。前者从独立的技术服务角度出发，应当在技术中立的层面更多考虑相对方业务模式合规性的问题，通过采取合理措施尽到注意义务，避免为以"元宇宙""数字藏品"为名的非法集资、诈骗等行为提供帮助从而面临相应刑事法律风险；而后者在业务合规的基础上，需要更加关注平台层面的合规治理，通过平台管理规则对于版权方以及用户的权利边界予以明确，建立相应的知识产权管理规则以及消费者权益保护机制。

（三）数字藏品发行

第一件公开拍卖的数字藏品——Beeple 的《每一天：前 5000 天》（Everydays：The First 5000 Days）创下了 6934.625 万美元的交易纪录，再一次证明了数字藏品市场的巨大潜力。[①] 自支付宝与敦煌美术研究所联名发布付款码拉开中国数字藏品市场的序幕后，数字藏品的发行一次又一次吸引了大众的目光，上线秒空成为常态。作为数字藏品价值实现的重要阶段，不同发行模式下

---

① 屡破纪录之年:佳士得 2021 年重要数字回顾［EB/OL］.［2022-01-05］. https://www.christies.com/features/Christies-auction-highlights-2021-12019-1.aspx?sc_lang=zh-cn&lid=4.

的权利分配问题也需要予以考量。

如图 11-3 所示，从数字藏品发行的形式来看，版权方可以基于版权及相关内容单独发行相应的数字藏品，也可以通过联名发行实现合作共赢的商业策略。目前的市场上，品牌联名、IP 联动花样繁多，此种情况下，如何在联名发行的合作间实现相关知识产权权益及财产性权益范围的界定就显得至关重要，包括但不限于合作方知识产权权益的审查、联名后相关知识产权权益的分配等。

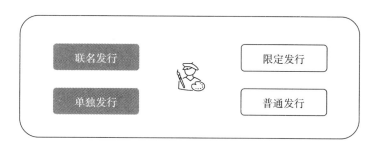

图 11-3　数字藏品发行的主要形式

此外，从数字藏品价值保值和市场秩序的层面考量，平台方对于发行的数量和范围一般都会进行限定。独家、限量发行最为拨动收藏者的心弦，对于数字藏品的价值也相应存在巨大的影响，因此大部分平台会与相关发行方签订协议，针对某特定内容生成数字藏品的数量及发行途径予以一定的限制。但鉴于针对同一内容可能会产生多种作品形式，如长城的摄影图片以及长城的立体模型，此时如果形成不同的数字藏品发行于不同的平台，是否会影响平台"限制发行条款"的履行？而基于"独特性"使然约定"独家授权"是否又会存在不正当竞争风险？此种情况下，如何通过权利分配机制实现竞争秩序、鼓励创新、保护消费者权益的平衡，以促进数字市场的良性发展，也有待进一步探索。

三、通过协议约定权利分配的要点提示

在区块链技术的赋能下，数字藏品市场形成了其独特的商业模式和全新的

流转体系，如何通过协议约定来对数字藏品流转中可能涉及的各方权利进行合理公平的分配是一个亟待明晰的问题。笔者结合国内外的相关案例和国内主流平台方的实践情况，针对各方主体需要重点关注的权利义务梳理了以下要点，供相关方在撰写及审阅协议时参考。

（一）版权方与发行方之间的权利分配要点

就我国数字藏品市场的现状而言，创作阶段数字藏品合作的模式可以总结如下：

第一种是版权方直接在数字藏品平台中通过平台的区块链技术等服务从事上传、铸造、发行、出售数字藏品的行为，此时版权方即为数字藏品的发行方和出售方，存在身份上的竞合，所以不涉及权利分配的情况。以 Bigverse 平台为例，该平台对数字藏品的铸造发行条件较为开放，版权方注册/登录平台后，即可自行在平台内上传艺术作品（.jpg、.png、.gif 形式等）铸造为 NFT（在本书语境下与"数字藏品"等同），在铸造时可以选择铸造数量（1 份或多份）并自行定价，提交后由平台进行审核，审核通过后即自动上架销售。

第二种是版权方将作品的著作权财产性权利授权许可给第三方，由该第三方通过平台的区块链技术等服务从事上传、铸造、发行、出售数字藏品的行为，此时版权方本身并非数字藏品的发行方，则涉及版权方与发行方之间需要进行权利分配的情况。以鲸探平台为例，该平台对数字藏品的铸造发行主要采取邀请制，通常由知名创作者与专业的发行公司联合入驻，比如该平台发售的《仕女蹴鞠图》数字藏品，《仕女蹴鞠图》实物作品的创作者为中国工艺美术大师姚建萍，姚建萍作为版权方，授权许可苏州秀生活文化传播有限公司将该《仕女蹴鞠图》通过数字技术转化为 3D 模型复制品，并通过鲸探平台的区块链技术将该复制品进行上传、铸造为数字藏品，而后进行发行和出售。

在这种模式下，版权方应重点就授权许可和收益分配进行明确约定，具体来说，就授权许可的条款而言，我们建议版权方厘清数字藏品涉及的知识产权权益并明确约定发行方的授权许可范围，实务中很多版权方往往不能清晰辨别不同权利之间的区别，因此应当列明具体的许可权利种类并尽可能明确使用方式。使用方式一般包括独占许可（仅该被许可方可以行使）、排他许可（仅版权方与该被许可方可以行使）、普通许可（版权方、该被许可方以及其他被许可方均可以行使）。除此之外，还应当明确约定许可的地域范围、时间期限、维权主体等。就收益分配的条款而言，除一般的许可使用费条款之外，我们建议，版权方与发行方应明确约定数字藏品的分销及收益分配方式，以及转许可（如有）及其获利后收益分配方式。

此外，目前还有一种较为常见的情况是公有领域作品的数字藏品化，根据著作权法的规定，著作权财产权的保护期为50年，对于自然人的作品，其保护期为作者有生之年及死亡后50年，对于法人或者非法人组织的作品，其保护期根据权利的不同分为作品创作完成后及首次发表后的50年，著作权保护期限届满后，作品即进入公有领域，不再受到著作权法的保护。那么，对于已经过了著作权保护期的文物藏品来说，是不是任何人都能够将其拍照、摄影并铸造为数字藏品进行发行和销售呢？事实上，尽管博物馆或者文物私人收藏家对于其馆藏或收藏的公有领域的文物藏品不享有著作权，但是其对于基于文物所形成的数字化作品是可以享有著作权的。目前，国内主流的数字藏品平台中，博物馆对文博类作品的数字化和许可已经较为普遍，常见的情形是博物馆完成文物数字化作品的创作，授权许可第三方机构通过数字藏品平台发行销售。对此，我们建议，博物馆或私人收藏家应当重视文物数字化作品铸造为数字藏品可能涉及的冠名和授权机制，与发行方明确其所获得的是对文物进行摄影、录像、3D模型化等二次创作之后形成的数字化作品的许可使用权，并明确相应的使用方式以及数字藏品的分销及收益分配方式等。

（二）出售方与平台方之间的权利分配要点

在我国目前常见的数字藏品商业模式中，平台方通常是为数字藏品出售方提供数字藏品的铸造、发行、展示、交易等中立的技术服务。在平台方提供技术服务时，可能存在出售方在未获得授权或许可的情况下，擅自将他人享有著作权的作品提交平台方进行铸造、发行、展览、交易等情况，该种行为可能会侵犯实际权利人的复制权、发行权和信息网络传播权等合法权益，此时平台方则面临着被实际权利人索赔的风险。

以杭州互联网法院依法公开开庭审理的某科技公司侵害作品信息网络传播权纠纷案件为例，原告经授权享有漫画家马千里创造的"我不是胖虎"系列作品在全球范围内独占的著作权财产性权利及维权权利，原告发现有用户在被告经营的"元宇宙"平台上铸造并发布"胖虎打疫苗"NFT 作品，遂主张被告行为构成信息网络传播权帮助侵权，要求被告停止侵权并赔偿其损失 10 万元。该案中，被告辩称，涉案作品系平台用户自行上传，其作为第三方平台已经履行了事后审查的"通知—删除"义务，无须承担责任，也没有披露涉案作品对应 NFT 所在的具体区块链及节点位置以及涉案作品 NFT 所适用的智能合约内容的义务。最终，法院经审理认为，被告某科技公司经营的"元宇宙"平台作为 NFT 数字作品交易服务平台，未尽到审查注意义务，存在主观过错，其行为已构成帮助侵权，判决被告立即删除涉案平台上发布的"胖虎打疫苗"NFT 作品，同时赔偿原告公司经济损失及合理费用合计 4000 元。①

在当前法律没有明确规定的情况下，这起案例对后续的司法实践具有典型示范作用。可以看出，我国目前的司法环境下，要求提供 NFT 数字作品交易服务的网络平台方承担更高的审查注意义务的态度较为明确。由此，我们建议，在出售方委托平台提供铸造发行服务的情形下，当处理出售方与平台方之间的权利分配问题时，可以从加强事前审查和明确事后追责的角度进行安排。

就事前审查而言，平台方应当采用"一般可能性"标准来承担事前审查数字藏品来源的合法性和真实性的义务，可以将确认出售方是否拥有相应权利

---

① 杭州互联网法院. 用户发布侵权 NFT 作品，"元宇宙"平台要担责吗?法院判了［EB/OL］. ［2022-04-20］. https://mp.weixin.qq.com/s/IQwjcF_a5EoYdc5CFkaQpA.

或许可的手段和方式列明在双方的协议中，并在后续履行审查义务的过程中保留相关证据。

就事后追责而言，一方面，鉴于"避风港"原则，各个司法管辖区基本都确立了"通知—删除"的机制，平台方应当向出售方明确其具有收到侵权通知而采取删除、屏蔽、断开链接、下架、将数字藏品信息地址打入黑洞等必要措施的权利，并进行免责声明；另一方面，可以在协议中列明出售方保证其具有相应权利或许可的具体条款，并明确约定违约损失赔偿的责任，以保障平台在被实际权利人索赔时，可以向出售方追责。

（三）出售方与购买方之间的权利分配要点

如前文所述，传统著作权立法背景下，当作品原件或者复制件作为物进行转让时，该作品的所有权发生转移，但是作品的著作权的归属却不随之发生改变。数字藏品虽然属于新兴概念，但学界普遍认为应当依然适用该等传统规则，具体而言，目前国内发行的数字藏品本质上是一个权益凭证而非具体的物，该凭证代表的是具有交易价值的特定的数字商品，包括具有传统实体载体的被转化为数字形式存在的数字商品（对应衍生创建模式），以及没有实体载体只有数字形式存在的数字商品（对应原始创建模式）。很多数字藏品的购买者往往误以为自己在买入数字藏品的同时，也自动地取得了该数字藏品所指向的具体数字商品的全部权利，但事实上，购买方所获得的是一项财产权益，数字藏品的交易并不天然地包含对于其所指向的具体数字商品的著作权的转让或者许可的授予，除非数字藏品的出售方作为实际著作权人对于著作权转让或许可另有约定。

以 CryptoPunks 的版权之争为例，全球最大的 NFT 交易市场 OpenSea 就因为版权问题对 CryptoPunks 的 NFT 艺术集的第一版（以下简称"V1"）作品做出了全面下架的处理。2017 年，创作者 Larva Labs 创作了 CryptoPunks 的 V1 艺术集，其由 1 万幅独立的 NFT 图像作品组成，并将该 1 万幅 NFT 图像作品免费送给 OpenSea 用户（以下简称"初始受让人"）。但创作者随即发现，管理该 NFT 艺术集的 Ethereum（以太坊）所提供的智能合约包含一个代码错误，导致了 CryptoPunks 的初始受让人在作为卖家转手 NFT 时，后续受让人作为买家所支付的钱款没有到达卖家账户，而是回转到了买家自己的账户。Larva Labs 为纠正这一错误，创建了由与 V1 艺术集相同的 1 万幅 NFT 图像作品所构成的第二版艺术集（以下简称"V2"），并再次以新的智能合约管理出售其中的 1 万幅 NFT 图像作品。由于 NFT 是基于区块链进行交易的，而区块链的固有属性导致即便是作品集的创作者，也不能直接修复或替换有问题的 NFT 智能合约，创作者只能将每个被转售的 V1 版 CryptoPunks 退回到初始受让人（即最初从 Larva Labs 处免费获得 1 万个 NFT 的所有权人），每幅 V2 版 NFT 图像作品则被直接空投到 V1 版 NFT 后续受让人的钱包。也就是说，此时已有两套 CryptoPunks 的作品集，共 2 万幅 NFT 图像作品，由两组人持有，一组初始受让人持有 1 万个 V1 版，另一组后续受让人持有 1 万个 V2 版。2022 年，一个由 V1 版所有权人、软件开发者、NFT 发烧友等组成的小团体修复了 V1 版智能合约的错误，使得 V1 版 NFT 图像作品也能进行正常的流转，为了区别修复前后的作品，他们将修复后的 V1 版 NFT 图像作品进行了背景色修改，但其他图像要素保持不变。这也使得 CryptoPunks 的创作者发表公开声明称修复后的 V1 版 NFT 并不是受官方认可的 CryptoPunks 作品，并根据美国《数字千年版权法》（DMCA）向 CryptoPunks 的平台方 OpenSea 发出了下架通知。基于美国版权法中的"避风港"原则，OpenSea 选择了下架 V1 版，而该艺术集的 V1 所有权人则进行了反击，以 DMCA 反通知的形式要求 OpenSea 再度上架 V1 版作品集。

在 CryptoPunks 的版权纠纷中，各方在进行 NFT 作品初始转让的环节中均没有对作品版权、许可内容等作出任何明确书面约定，这也是引发本次纠纷的根本原因。① 因此，版权归属的约定应当作为 NFT 作品交易包括数字藏品交易

---

① Choy W L, Hansen K C. Roots of Confusion Over "V1" CryptoPunks NFTs Raise Key Copyright and Practical Considerations for NFT Minters, Acquirers and Platform Operators [J]. The National Law Review, 2022(264).

中一项基础的、必备的权利分配条款。从目前的实践情况来看，国内外的 NFT 交易平台或数字藏品平台方在处理知识产权权益和用户财产权益的权利分配时，普遍作出的是版权保留条款的约定，相比之下，国外 NFT 交易平台对版权保留条款的约定更加成熟。以发行加密猫 NFT 的 Dapper Lab 为例，其在用户协议中写明："每一个加密猫是一个非同质化代币。购买加密猫之后，就完全拥有了该非同质化代币，可以出售、放弃"，以及"您购买加密猫 NFT，不是给您任何包括艺术、设计、计算机代码、软件服务、内容和数据汇编等 Dapper 资料的权利或者许可"。此外，还写明了"购买者所获得的是对于加密猫艺术形象的以非商业目的，于全球范围内、非独占的、不可转移的免费使用复制和展示许可"。由此，我们建议，平台方可以在适用于所有用户的平台服务条款或用户协议中写明版权保留条款，即明确数字藏品的交易并不转让知识产权或授予许可，并对出售方、购买方所享有的权利进行界定和列示。与此同时，也可以考虑出售方是否可在特定情形下行使撤回权、协议终止权或设置特定条款以触发版权自动回转的权利保障。

（四）购买方与平台方之间的权利分配要点

此前，中国互联网金融协会、中国银行业协会、中国证券业协会共同发布了《关于防范 NFT 相关金融风险的倡议》，该《倡议》明确了 NFT 产品必须考虑《中华人民共和国消费者权益保护法》的相关限制。由此，从消费者权益保护的角度出发，我们建议，平台方应当在平台服务条款或用户协议中明确并承担真实、准确、完整披露 NFT 交易或数字藏品交易相关信息的义务，并充分告知购买方通过数字藏品交易所获取的权利范围和使用限制，以保障购买方作为消费者的知情权、选择权和公平交易权。

另外，当平台方收到侵权通知而采取必要措施尤其是将数字藏品信息地址打入"黑洞"的行为，可能也会面临来自购买方的索赔或者退货要求。对于购买方来说，其所购买的数字藏品无法在平台中以数字化形式进行展示，意味着其获得数字藏品的价值和权益可能有所减损，进而引起索赔或要求退货的问题。目前，基于数字藏品的性质和底层技术原因，国内主流平台均暂不支持退货，在法律规定尚未明晰的阶段，我们建议平台方在平台服务条款或用户协议中将退货问题予以重点说明和提示，要求客户重点关注并反复确认充分知悉和同意该条款。对于平台适用"避风港原则"采取必要措施的权利以及可能带来的风险也需要在协议中明确列示，并明确约定因出售方原因导致侵权的违约损失赔偿责任，同时列明平台方在用户向出售方索赔时可以配合提供相关信息等必要帮助的义务。

还需要注意的是，为防范虚拟货币交易炒作风险，近期微信公众号平台对炒作、二次售卖数字藏品的公众号及小程序进行了大规模封禁的规范化整治。由此，从平台合理管控用户违规行为的角度出发，我们建议，平台方应当明令禁止用户进行投机炒作的行为，可以在用户协议中重点列明用户的禁止行为及相应的处罚规则，包括但不限于组织数字藏品的场外交易行为、违反平台规则进行有偿转售或有偿收购数字藏品的行为、利用"外挂"（包括但不限于通过非官方程序、软件、硬件、机器、脚本、爬虫或其他自动化的方式）抢购数字藏品的行为以及超出授权范围违规使用数字藏品的行为等。

第十二章
元宇宙中的个人信息与数据合规治理路径

随着加密资产、区块链、NFT 日益成为人们关注的热点，元宇宙以不可阻挡之势进入大家的视野。元宇宙的概念源于科幻作家尼尔·斯蒂芬森的小说《雪崩》，在书中，人们能够通过先进的设备进入计算机模拟的虚拟世界。而在当下，人们对什么是元宇宙却还缺乏公认的定义，可以进入怎样的元宇宙也依然是未知的。有人说，一万个人心里有一万个元宇宙。无论我们的元宇宙会落地在何种场景与应用中，其发展核心都是以信息数据为命脉，个人信息保护成为其无法绕过的命题。特别是当前我们处在从 Web 2.0 发展到 Web 3.0 的过程中，各种元宇宙场景还布局于第二代互联网上，生根于 Web 2.0 中的各类应用中。当 Web 2.0 的老应用遇上 Web 3.0 的新课题，元宇宙中的个人信息保护合规议题迫在眉睫。本章将以个人信息保护为主题，探讨元宇宙中的个人信息保护的合规要点。

一、元宇宙中的个人信息，我们在谈论什么？

《中华人民共和国个人信息保护法》第四条规定，个人信息是以电子或者其他方式记录的与已识别或者可识别的自然人有关的各种信息，不包括匿名化处理后的信息。在元宇宙中，区块链技术的基本原理为加密的分布式记账技术，如果元宇宙中的个人信息经过上链之后加密，其属于匿名化处理的信息，将被排除在个人信息的范围之外。目前，我们尚处在从 Web 2.0 到 Web 3.0 突破的过程之中，当下大部分的元宇宙项目仍采用中心化的平台，用户的手机号、个人金融信息、人体虹膜等生物信息没有通过区块链的形式进行存储，个人信息的收集和存储仍然与传统 App 或平台相同，该部分信息仍属于"以电子或者其他方式记录的与已识别或者可识别的自然人有关的各种信息"，并受到《中华人民共和国个人信息保护法》的规制（见表 12-1）。

表 12-1 元宇宙中的个人信息主要类别	
主要类别	**主要内容**
个人基本资料	个人姓名、生日、性别、民族、国籍、家庭关系、住址、个人电话号码、电子邮件地址等
个人身份信息	身份证、军官证、护照、驾驶证、工作证、出入证、社保卡、居住证等
个人生物识别信息	个人基因、指纹、声纹、掌纹、耳廓、虹膜、面部识别特征等
网络身份标识信息	个人账号、IP 地址、个人数字证书等
个人健康生理信息	个人因生病医治等产生的相关记录，如病症、住院志、医嘱单、检验报告、手术及麻醉记录、护理记录、用药记录、药物食物过敏信息、生育信息、以往病史、诊治情况、家族病史、现病史、传染病史等，以及与个人身体健康状况相关的信息，如体重、身高、肺活量等
个人教育工作信息	个人职业、职位、工作单位、学历、学位、教育经历、工作经历、培训记录、成绩单等

资料来源：《信息安全技术 个人信息安全规范》。

二、元宇宙中的个人信息，我们在担心什么？

（一）现阶段的中心化场景落地方式的需要

虽然在很多人看来，Web 3.0 是一个完全开放式的加密世界，然而在现实中，中心化应用依然是目前元宇宙项目的主流落地方式。不论是 NFT 的售卖，还是区块链游戏的运营，都需要基于中心化网页或者搭建 App 开展业务。App 的数据合规一直以来都是监管部门关注的重点，监管部门已发布多项规定，如《App 违法违规收集使用个人信息行为认定方法》《常见类型移动互联网应用程序必要个人信息范围规定》等，现阶段的元宇宙项目依然无法逃离传统监管框架（见表 12-2）。

表 12-2 我国个人信息保护的立法体系		
名称	生效时间	效力层级
《中华人民共和国民法典》	2021 年 1 月 1 日	法律
《中华人民共和国刑法修正案（十一）》	2021 年 3 月 1 日	法律
《中华人民共和国个人信息保护法》	2021 年 11 月 1 日	法律
《中华人民共和国网络安全法》	2017 年 6 月 1 日	法律
《中华人民共和国数据安全法》	2021 年 9 月 1 日	法律
《最高人民法院、最高人民检察院关于办理侵犯公民个人信息刑事案件适用法律若干问题的解释》	2017 年 6 月 1 日	司法解释
《数据出境安全评估办法》	2022 年 9 月 1 日	部门规章
《App 违法违规收集使用个人信息行为认定方法》	2019 年 11 月 28 日	规范性文件
《常见类型移动互联网应用程序必要个人信息范围规定》	2021 年 5 月 1 日	规范性文件
《信息安全技术 个人信息安全规范》	2020 年 10 月 1 日	推荐性国家标准
《信息安全技术 个人信息安全影响评估指南》	2021 年 6 月 1 日	推荐性国家标准
《信息安全技术 移动智能终端个人信息保护技术要求》	2018 年 5 月 1 日	推荐性国家标准
《网络安全标准实践指南—移动互联网应用程序（App）收集使用个人信息自评估指南》	2020 年 7 月 22 日	技术标准

（二）元宇宙场景多样化交互关联的需要

元宇宙项目的场景多样且经常需要相互关联，不同场景的数据会进行相互流转，涉及向其他主体提供个人信息，需要注意相关的个人信息保护规定，避免受到监管部门的处罚。例如，NFT 平台为了向用户提供感知真实模型的效果，增强现实引擎，可能需要向第三方 AR 公司提供用户的常用设备信息（包括设备识别号等）。对于此种与第三方共享个人信息的情形，应注意相关的监管要求，如向个人信息主体告知共享、转让个人信息的目的、数据接收方的类型以及可能产生的后果，并事先征得个人信息主体的授权同意。①

---

① 详见《信息安全技术 个人信息安全规范》第 9.2 条"个人信息共享、转让"的规定。

（三）元宇宙场景复杂性安全保护的需要

元宇宙的功能复杂，特殊场景中需要收集的个人信息较多。例如，用户购买 NFT 时可能需要提供个人身份信息和个人金融信息；AR 场景则可能需要收集用户的生物信息与位置信息；虚拟现实交互场景需要收集用户的外部物理环境数据。可以说，未来的元宇宙将不断发展，场景的复杂度将远远超过现阶段任何一种应用形式。以虚拟试衣间为例，这一场景落地至少需要收集用户身体各部位的位置信息以及用户的面部识别特征信息，若用户的面部识别特征等信息遭遇泄露或被不慎公开，极易导致个人名誉、身心健康受到损害或歧视性待遇。因此，数据合规与网络安全合规是元宇宙得以健康有序发展的必要前提。

三、元宇宙中的个人信息，我们将保护什么？

（一）个人信息收集的"最小必要"原则

《中华人民共和国个人信息保护法》第六条规定，处理个人信息应当具有明确、合理的目的，并应当与处理目的直接相关，采取对个人权益影响最小的方式。收集个人信息，应当限于实现处理目的的最小范围，不得过度收集个人信息。除以上原则性内容规定以外，《中华人民共和国个人信息保护法》在自动化决策、敏感个人信息处理、个人信息安全保护评估等具体规定中也多次出现了"个人权益"的表述，充分说明了《中华人民共和国个人信息保护法》关注个人信息处理活动对于个人信息主体所可能造成的实质性影响。

参考《信息安全技术　个人信息安全影响评估指南》，个人权益影响可分为"限制个人自主决定权""引发差别性待遇""个人名誉受损或遭受经济压力""人身财产受损"四个维度。就该指南内容而言，"限制个人自主决定权"的解释较为宽泛，包括影响个人信息主体权利实现、干涉用户操作行为、无法拒绝的个性化推送以及被蓄意推送影响个人价值观判断的咨询等。除此之外，结合相关监管文件及司法实践，数据安全对于个人信息主体所可能造成的影响也应当被纳入考虑范围之内。尽管目前尚无监管文件说明如何判断"对个人信息权益影响"的具体内容，但根据法律规定，在用户画像、自动化决策、个人敏感信息处理、个人信息安全保护评估等场景中，均建议增加"对个人信息权益影响"的考量。

因此，元宇宙项目应注意遵守"最小必要"原则，当 App 收集个人信息超过处理目的的最小范围时，应在隐私政策中做出合理的解释与说明，并取得用户的自主选择同意。例如，在元宇宙的 AR 场景下，摄像头权限、位置信息属于符合"最小必要"原则的信息，收集用户的身份证照片就不再符合"最小必要"原则，若要收集身份证照片信息则必须说明收集目的并取得用户的自主选择同意。

（二）敏感个人信息处理的单独同意原则

《中华人民共和国个人信息保护法》第二十九条规定，处理敏感个人信息应当取得个人的单独同意；法律、行政法规规定处理敏感个人信息应当取得书面同意的，从其规定。元宇宙项目必然涉及多种敏感个人信息的收集与处理。例如，在用户购买 NFT 等虚拟资产时需要提供个人金融信息，VR 场景下需要收集用户的个人生物信息及位置信息，这些信息都可能构成《中华人民共和国个人信息保护法》第二章第二节规定的个人敏感信息。在收集这些信息时，需要取得个人的单独同意。根据《信息安全技术　个人信息安全规范》第 5.4 条，单独同意是指单独向个人信息主体告知收集、使用个人信息的目的、方式和范围，以及存储时间等规则，并征得个人信息主体的明示同意。因此，企业在设置单独同意规则时，应达到单独向用户提示并给予用户单独选择机会的效果。如某平台在隐私政策提示中，向用户单独提示了各项服务中可能需要收集的个人敏感信息，并说明了若用户不提供此类信息影响的服务内容，相关条款都进行了加粗显示，该实践可供参考。①

（三）个人信息跨境的必要处理规则

《中华人民共和国个人信息保护法》第三章对个人信息跨境提供的规则进行了专章规定，第三十九条规定，个人信息处理者向中华人民共和国境外提供个人信息的，应当向个人告知境外接收方的名称或者姓名、联系方式、处理目的、处理方式、个人信息的种类以及个人向境外接收方行使本法规定权利的方式和程序等事项，并取得个人的单独同意。第四十条规定，关键信息基础设施运营者和处理个人信息达到国家网信部门规定数量的个人信息处理者，应当将在中华人民共和国境内收集和产生的个人信息存储在境内。确需向境外提供的，应当通过国家网信部门组织的安全评估；法律、行政法规和国家网信部门规定可以不进行安全评估的，从其规定。

除此之外，国家网信办 2019 年出台的《个人信息出境安全评估办法（征求意见稿）》第二条规定，个人信息出境，是指网络运营者向境外提供在中华人民共和国境内运营中收集的个人信息。国家质检总局与标准化委员会 2017 年公布的《信息安全技术数据出境安全评估指南（征求意见稿）》指出，数据跨境传输指网络运营者通过网络等方式，将其在中华人民共和国境内运营中收集和产生的个人信息和重要数据，通过直接提供或开展业务、提供服务、产品等方式提供给境外的机构、组织或个人的一次性活动或连续性活动。另外，根据网信办公布的《数据出境安全评估办法》第四条，数据处理者向境外提供数据，应当通过所在地省级网信部门向国家网信部门申报数据出境安全评估的情形包括：关键信息基础设施运营者和处理 100 万人以上个人信息的数据处理者向境外提供个人信息；自上年 1 月 1 日起累计向境外提供 10 万人个人信息或者 1 万人敏感个人信息的数据处理者向境外提供个人信息等。

---

① 详见《支付宝隐私权政策》，https://render.alipay.com/plyuyan/1800200100001196791/preview.html?agreementId=AG0000132。

国内元宇宙企业投资境外公司可能涉及个人信息出境。例如，松花江投资有限公司（腾讯控股有限公司的关联公司）与美国游戏开发商 Roblox 签订合资协议，创立 Roblox 中国控股公司，目的为建立在中国的 Roblox 本地化版本，此项合作与业务开发有可能涉及国内的个人信息被传输至境外的情形。另外，未来国外元宇宙项目可能面向境内用户提供服务，也有可能涉及数据出境。如元宇宙企业面临数据出境，应遵守法律法规及相关国家标准的规定。根据已生效的《数据出境安全评估办法》，处理个人信息的数量达到一定规模的企业应当通过所在地省级网信部门向国家网信部门申报数据出境安全评估，申报材料包括申报书、数据出境风险自评估报告、数据处理者与境外接收方拟订立的法律文件以及安全评估工作需要的其他材料。

（四）重要数据的特殊保护方式

《中华人民共和国数据安全法》第二十一条规定，国家建立数据分类分级保护制度，根据数据在经济社会发展中的重要程度，以及一旦遭到篡改、破坏、泄露或者非法获取、非法利用，对国家安全、公共利益或者个人、组织合法权益造成的危害程度，对数据实行分类分级保护。国家数据安全工作协调机制统筹协调有关部门制定重要数据目录，加强对重要数据的保护。各地区、各部门应当按照数据分类分级保护制度，确定本地区、本部门以及相关行业、领域的重要数据具体目录，对列入目录的数据进行重点保护。

由此可见，《中华人民共和国数据安全法》并未明确规定重要数据的具体范围，而是授权各地区、各部门制定相关行业、领域的重要数据目录。迄今为止，大部分行业的重要数据目录尚未出台，相关元宇宙企业应时刻关注本地区、本行业的重要数据目录出台时间，在出台之后对相关的重点数据着重进行保护。

根据《中华人民共和国数据安全法》的第二十七条、第三十条及第三十一条，重要数据的处理者应当明确数据安全负责人和管理机构，落实数据安全保护责任。重要数据的处理者应当按照规定对其数据处理活动定期开展风险评估，并向有关主管部门报送风险评估报告。关键信息基础设施的运营者在中华人民共和国境内运营中收集和产生的重要数据的出境安全管理，适用《中华人民共和国网络安全法》的规定。

因此，元宇宙的相关企业应时刻关注重要数据目录的最新公布情况，如果收集的数据在重要数据目录的范围之内，应当遵守与重要数据相关的监管规定。国家推荐性标准《信息安全技术　重要数据识别指南（征求意见稿）》第 5.2 条规定，反映群体健康生理状况、族群特征、遗传信息等的基础数据，如人口普查资料、人类遗传资源信息、基因测序原始数据属于重要数据，因此，如果元宇宙项目收集了大量用户的健康生理信息或遗传信息，有可能涉及重要数据。

（五）个人信息主体权利的具体落实方式

1. 个人信息查阅权

《中华人民共和国个人信息保护法》第四十五条规定了个人信息查阅权，除例外情形之外，个人有权向个人信息处理者查阅其个人信息。个人请求查阅其个人信息的，个人信息处理者应当及时提供。因此，元宇宙项目的用户也有权向平台或 App 等个人信息处理者请求查阅个人信息，然而，许多元宇宙项目没有向用户提供查阅个人信息的渠道。

根据《信息安全技术　个人信息安全规范》第 8.1 条，个人信息控制者应当向个人提供查询下列信息的方法：其所持有的关于该主体的个人信息或个人信息的类型；上述个人信息的来源、所用于的目的；已经获得上述个人信息的第三方身份或类型。另外，个人信息主体提出查询非其主动提供的个人信息时，个人信息控制者可在综合考虑不响应请求可能对个人信息主体合法权益带来的风险和损害，以及技术可行性、实现请求的成本等因素后，做出是否响应的决定，并给出解释说明。

鉴于此，为保障用户查阅个人信息的权利，元宇宙项目应当主动向用户展示查阅个人信息的渠道，或者增加独立的查询入口，具体来说，在查询页面，查询的内容包括个人信息的类型、内容、来源和用途等，如平台或 App 若将个人信息提供给第三方，应告知用户第三方的身份或类型。

2. 个人信息复制权和转移权

个人信息复制权和转移权同样规定在《中华人民共和国个人信息保护法》第四十五条，个人信息复制权可与前述个人信息查阅权一同实现，即就个人信息的查阅权和复制权向用户提供相同的渠道，或设置相同的入口。

《中华人民共和国个人信息保护法》第四十五条规定，个人请求将个人信息转移至其指定的个人信息处理者，符合国家网信部门规定条件的，个人信息处理者应当提供转移的途径。为响应用户可能提出的转移个人信息至其他个人信息处理者的要求，元宇宙项目可考虑设置数据导出功能，对于收集的用户个人信息，在技术路径上实现方便的导出路径。因此，在存储用户的个人信息时，个人信息处理者就应当保证用户信息的完整和对其进行分类等，方便导出。

3. 个人信息更正权和补充权

《中华人民共和国个人信息保护法》第四十六条规定，个人发现其个人信息不准确或者不完整的，有权请求个人信息处理者更正、补充。个人请求更正、补充其个人信息的，个人信息处理者应当对其个人信息予以核实，并及时更正、补充。此外，《中华人民共和国网络安全法》第四十三条规定，个人发现网络运营者收集、存储的其个人信息有错误的，有权要求网络运营者予以更正。网络运营者应当采取措施予以更正。

元宇宙项目中，个人信息处理者应当保障用户更正、补充其个人信息的权利。特别是在元宇宙场景下，用户长时间沉浸式地使用某项目 App 的可能性较高，其个人信息很可能会出现需要更正或补充的情形。因此，元宇宙项目应注重在其页面提供编辑用户个人信息的入口，方便用户自行更正或补充其个人信息，避免需通过人工客服等较为烦琐的方式帮助用户行使此项权利。

4. 个人信息撤回同意权

《中华人民共和国个人信息保护法》第十五条规定，基于个人同意处理个人信息的，个人有权撤回其同意。个人信息处理者应当提供便捷的撤回同意的方式。个人撤回同意，不影响撤回前基于个人同意已进行的个人信息处理活动的效力。《中华人民共和国个人信息保护法》第四十七条规定，当个人撤回同意时，个人信息处理者应当主动删除个人信息；个人信息处理者未删除的，个人有权请求删除。《信息安全技术　个人信息安全规范》第8.4条规定，个人信息主体撤回授权同意对个人信息控制者的要求包括：应向个人信息主体提供撤回收集、使用其个人信息的授权同意的方法，撤回授权同意后，个人信息控制者后续不应再处理相应的个人信息；应保障个人信息主体拒绝接收基于其个人信息推送商业广告的权利，对外共享、转让、公开披露个人信息，应向个人信息主体提供撤回授权同意的方法。另外，部分地方还颁布了更为详细的规定。例如，《深圳经济特区数据条例》第二十三条要求，处理个人数据应当采用易获取的方式提供自然人撤回其同意的途径，不得利用服务协议或者技术等手段对自然人撤回同意进行不合理限制或者附加不合理条件。

有许多的元宇宙项目未在 App 或平台界面提示用户撤回同意的方式或提供撤回同意的入口。例如，某 NFT 数字藏品项目为用户提供创作和交易数字艺术藏品的平台，然而其仅在隐私政策中说明有权撤回对平台使用设备的相关权限的继续授权，未说明撤回的方法或提供撤回的设置入口。元宇宙项目应当注意落实《中华人民共和国个人信息保护法》第十五条规定，提供便捷的撤回同意的方式，在其 App 或平台界面以较为显著的方式设置入口，或者提供客服电话供用户行使相关权利。

四、未来与展望

以上这些个人信息保护与数据合规要求，仅仅是 Web 2.0 时代向 Web 3.0

方向发展过程中的当下议题。其中，数据与网络安全、用户个人隐私与沉浸式体验的平衡无论在哪个发展阶段都依然是合规的要点。然而，随着元宇宙技术的不断发展，用户的个人信息保护将会通过技术得到更好的解决。

元宇宙的许多项目和技术提供了全新的用户自主管理身份方案，如区块链技术作为分布式账本，通过公钥私钥的形式验证用户的身份。另外，节点身份验证（Decentralized ID，DID）基于区块链技术，具有加密性和可验证性，用户被赋予基于一定算法生成的 DID 标识符，通常和加密的公钥及服务端点有关，没有任何用户的真实个人信息，如真实姓名和手机号等，因此光靠 DID 标识符无法验证一个人的真实身份。这些手段使得用户无须提供个人信息，提供了全新的保护用户个人信息的路径。但是，基于监管部门对用户的保护，在大多数元宇宙项目中，链上身份和链下身份仍然需要进行实体的穿透和映射。元宇宙的未来或许我们无法预测，但是扎根于当下，切实一步步落地个人信息与数据保护的合规要求，是我们在往 Web 3.0 大步向前时必须解决的议题。

第十三章
NFT 的境外法律监管

本章旨在展望与探讨 NFT 领域的潜在法律争议，特别是将区块链技术应用于版权业务场景时可能产生的冲突。虽然这些应用会为区块链用户带来大量的挑战，但是对于法律产业来说，这将是前所未有的战略性机遇。目前，大量的 NFT 应用场景和交易发生在境外，因此本章将重点关注 NFT 的境外监管，特别是其在美国法下的法律争议问题。

一、什么是NFT？

NFT，英文全称为"Non-Fungible Token"，即"非同质化代币"。NFT 是一种基于智能合约与区块链技术的虚拟化数字资产。与同质化代币（Fungible Token，比特币是最典型的同质化代币）相比，NFT 的每一个 Token 都是独一无二、无法替代的。世界上没有两枚 NFT 是相同的，因此无法进行交换。基于此特性，NFT 可以被用于证明类似虚拟艺术品、音乐、游戏皮肤等数字资产的真实性和所有权。

与同质化代币的另一个不同是，NFT 是不可分割的。比特币是可分割的代币。如果借出 1 个比特币，债务人可以选择归还 1 个比特币，也可以归还 0.5 个比特币、0.3 个比特币，甚至更小单元的比特币。NFT 则是不可分割的。当然，现在又出现了 Fractionized NFT，即碎片化 NFT，这种新的应用方式涉及更为复杂的法律问题，暂时不在本章的讨论之列。

二、 NFT 的应用场景

目前，NFT 的应用场景主要在虚拟艺术品、音乐、游戏、虚拟土地、去中心化金融等领域。

（一） NFT 虚拟艺术

基于 NFT 的独一无二性，可以作为验证数字艺术作品的真实性和所有权的电子证书。著名的虚拟艺术家 Beeple 的一幅虚拟艺术品——《每一天：前 500 天》（Everydays：The First 5000 Days），在佳士得拍卖会上拍卖出了 6934.625 万美元的天价①。在这里，NFT 作为电子证书，证明了这幅虚拟艺术品的真实性。其他人或许也可以复制下载这幅作品，但是真正的原作只有一件。NFT 解决了虚拟艺术作品真伪鉴定的这一最大难题。2017~2018 年，就已经有了艺术品上链，只不过未成气候。现在，人们可以直接购买艺术品，也可以购买艺术品之后将其代币化，然后进行二次销售。艺术家可以直接在 foundation.app 这样的一级市场上出售自己的 NFT 艺术品，也可以选择 OpenSea 这样的二级市场进行交易。

（二） NFT 加密音乐

曾进入"世界百大 DJ"榜单的 DJ 3LAU 在 Nifty Gateway 平台推出了 NFT 音乐作品②。此次 3LAU 推出了 175 件作品，每件作品售价 999 美元。在短短 9 分钟的时间内，这些作品被一抢而空。一时间，NFT 音乐成为可能颠覆 Spotify

---

① Christie's is Selling Cryptopunk NFT Art Collection for ＄9 Million [EB/OL]. [2021-04-21]. https://marketrealist.com/p/christies-cryptopunk-nft/.
② Robert Hoogendoorn. Music Artist 3LAU Sold Almost ＄175.000 in 9 Minutes [EB/OL]. [2021-01-23]. https://www.playtoearn.online/2021/01/23/music-artist-3lau-sold-almost-175-000-in-9-minutes/.

等流媒体的音乐工业新玩法。通过加密音乐，艺术家们不仅可以从初次出售音乐的行为中获利，后续的每一次转卖，艺术家们依然可以从中获得一定比例的佣金。这对受到新冠肺炎疫情影响，世界各地的现场演出几乎都被取消的艺术家们来说，是一个重大利好。

（三）　NFT NBA Top Shot 卡牌

对于大众来说，绘画、摄影等虚拟艺术的门槛或许依然较高，篮球、足球作为普及度更高的运动项目，其数字藏品与大众的距离更近。NBA 将自己的球星视频集锦以 NFT 的形式出售，基于区块链的 NBA Top Shot[①] 已经开通超过80 万个账户，处理超过 300 万笔交易。其开发商 Dapper Labs 也被市场看好，在最近一轮的融资中募得 3.05 亿美元。

（四）　NFT 虚拟土地

NFT 艺术品和游戏只是区块链虚拟世界的冰山一角，在虚拟的元宇宙（Metaverse）的环境中，土地、建筑都可以作为 NFT 资产进行买卖。Decentraland、Cryptovoxels 和 Somium Space 等基于区块链技术的去中心化虚拟现实平台上，虚拟房地产价格正创下新高。2021 年 4 月 11 日，在 Decentraland 搭建的世界中，一块面积为 41216 平方米的虚拟土地以 52.7 万美元的价格被售出，创下这一平台上新的价格纪录[②]。

（五）　NFT 与 DeFi 金融

如果说 NFT 的艺术、游戏等仅仅发挥了 NFT 的部分功能，而 NFT 可以借助 DeFi（去中心化金融）展现更多潜力。所有这些 NFT 的数字资产，都可以

---

① NFT 收藏界的亮眼新星 "NBA Top Shot" 声势大涨！［EB/OL］.［2021-01-30］. https://new. qq. com/omn/20210130/20210130A09SF900. html.
② 花式泡沫活久见　数字货币投资者们开始热炒 "虚拟 NFT 房产"［EB/OL］.［2021-04-25］. https://finance. sina. com. cn/tech/2021-04-25/doc-ikmxzfmk8748288. shtml.

作为抵押品进行抵押。同时，NFT 还已经衍生出多种借贷、保险等复合型产品，其金融属性显然更具想象空间。Uniswap 作为目前最受瞩目的去中心化交易所，允许用户在没有中介的情况下进行交易，可以自定义流动性区间，其收据也是 NFT。DeFi 的链上资产原本只有 4 亿美元，经过一年的发展，目前已经有 800 亿美元在智能合约中，每天有超过 20 亿美元的交易规模。

目前，从市场应用上看，NFT 在美国市场上潜在的法律争议主要体现在证券监管和知识产权两个方面。

三、　NFT 在美国证券法下的监管

如果 NFT 仅仅作为一件特定的虚拟艺术或者游戏装备的认证证书，那么其面临的法律风险就很有限。但是，部分 NFT 的交易可能构成证券发行的标准，需要遵守美国 1933 年《证券法》和 1934 年《证券交易法》的规定。

美国《证券法》对于什么是证券规定得十分广泛。除了通常意义上用于投资的证券，比如股票、债权等，只要"投资合同"可以作为一种收益证明或者参与收益共享安排的证明，就有可能被认定为证券。具体来说，最高法院在 SEC 诉豪威案（SEC v. Howey）中确立了"豪威测试"（Howey Test），作为判断一些"另类投资"是否属于证券的主要认定方法[①]。

"豪威测试"包括以下四条标准：①金钱投资（The Investment of Money），即购买者以现金为对价形式，向项目发起方提供资金。②该投资是在一项共同事业（Common Enterprise）中，以此区分投资合同与个人合同。共同事业是可以具有垂直共性或者横向共性的事业。③期待获得利润（Expectation of Profit）。④投资人的收益仅仅来自他人的努力（Effort of Others），即投资者仅需付出指定的费用及成本，并不实际参与项目的运营和管理。

---

① SEC v. W. J. Howey Co. ,328 U. S. 293(1946), https: //supreme. justia. com/cases/federal/us/328/293/ 。

美国证券交易委员会（SEC）企业融资部门负责人 William Hinman 曾经在演讲中强调了判断某些同质化代币是不是证券的判断标准[①]。其中的部分判断原则也可以应用到 NFT 的性质判断上。一是 NFT 的销售方式。如果 NFT 被出售给公众时，发行人承诺了 NFT 的立即流通性或者回报，那么此时其数字藏品性质较弱，更加具有投资性。也就是说，公众预期通过购买 NFT 以被动收益的方式获得投资回报。二是 NFT 及底层资产的控制和推广方式。如果 NFT 的发行人为 NFT 创建或者影响二级市场，又或者提供旨在提高 NFT 价值的其他服务，那么该代币更有可能被视为证券。在这种情况下，NFT 的价值增加不取决于其他开放市场上的数字藏家，而是更多依赖于发行人的经营管理行为。此类交易，也更加贴近证券法项下的证券发行。

2021 年 3 月 25 日，SEC 专员 Hester Peirce 在证券代币峰会论坛（Securities Token Summit）上警告投资者，"SEC 对于一切可能是证券的东西都保持密切关注"。她提醒投资者，某些 NFT 在某种情况下可能会被 SEC 认定为未登记的证券[②]；Fractionalized NFT，即出售单个昂贵的 NFT 的碎片化的过程，也有可能被认定为发行证券。Hester Peirce 认为，"豪威测试"依然是判断某项投资合同是不是证券的重要标准。但是，她也承认，在虚拟货币面前，"豪威测试"也面临许多挑战，并不能完全地界定虚拟货币销售、分发的每一种渠道。

如果 NFT 被认定为证券，那么就要受到证券法的限制，NFT 项目的发行方就需要在 SEC 进行注册。注册之后，也要受到一系列营销和转让的限制。不合规的 NFT 项目有可能被认定为违反反欺诈法。如果误导投资者，还有可能面临民事与刑事处罚。如果想要刻意避开 SEC 的监管要求，发行人必须把发行活动转移到美国境外，并且不接受美国投资者参与。

虽然 SEC 目前没有针对某一个 NFT 的项目业务发起诉讼，但是市面上已

---

① William Hinman. Digital Asset Transactions: When Howey Met Gary (Plastic) [EB/OL]. [2018-07-14]. https://www.sec.gov/news/speech/speech-hinman-061418#_ftn5.

② Patrick Thompson. SEC Commissioner Hester Peirce at Security Token Summit [EB/OL]. [2021-03-25]. https://coingeek.com/sec-commissioner-hester-peirce-at-security-token-summit/.

经出现了普通投资者针对 NBA Top Shot 卡牌的发行方提出的一个非法证券交易指控。2021 年 5 月 12 日，原告 Jeeun Friel 等针对发行 NBA 卡牌的发行方 Dapper Labs，Inc. 及其创始人兼首席执行官 Roham Gharegozlou，在纽约州最高法院发起集体诉讼[①]。原告声称 Dapper Labs 未在 SEC 注册，非法发行销售 NFT 证券，要求被告赔偿其损失及律师费等费用。

四、 NFT 对于知识产权的冲击

NFT 带来了艺术圈的狂欢。然而，与此同时，伪造者大量涌入，攫取艺术家的作品铸造 NFT，甚至创建虚假的虚拟钱包，以进行诈骗。因此，在虚拟艺术领域，NFT 将带来大量涉及虚拟财产所有权、著作人身权、著作财产权、追续权等一系列的问题。

（一）对于 NFT 艺术，谁拥有知识产权？

如果是艺术家本人将自己创作的艺术品上链，那么艺术家本人对于该 NFT 艺术品当然具有知识产权。然而，如果艺术家与上链的视觉艺术家分离，那么究竟是谁拥有著作权，这个问题还尚未有定论。前不久，世界上第一座 NFT "虚拟房屋" Mars House 在 SuperRare 平台上售出了 50 万美元的高价[②]。来自阿根廷的 3D 模型建造师 Mateo Sanz Pedemonte 将 Mars House 虚拟化，认为自己应当是 Mars House 的共同创作者，因此应当享有著作权。而 Mars House 是由艺术家 Krista Kim 创作的，她宣称自己拥有 NFT 房屋的著作权，Pedemonte 则是她雇佣的独立员工，也已经获得了相应的报酬，并不享有著作权。相信未来，关于著作权这个问题还会引发更多的争议和诉讼。

---

① https://www.scribd.com/document/507902520/Jeeun-Friel-v-Dapper-Labs-Complaint.

② Bryan Hood. The World's First NFT House Is Now for Sale. [EB/OL]. [2021-03-16]. https://www.yahoo.com/lifestyle/world-first-nft-house-now-230000169.html.

（二） NFT 买家获得了怎样的权利？

在任何交易中，买家所获得的权利都是由销售合同所确定的。NFT 作品也不例外。虽然买卖双方可以自由约定合同的内容，但是在目前大部分 NFT 销售中，合同仅仅赋予买家非排他性的非营利性权利。例如，第一支发行 NFT 唱片的乐队 Kings of Leon，从该唱片的系列 NFT 中获得了约 140 万美元[①]。拍卖条款明确指出，买家获得的是非排他性，不可转让展示 NFT 唱片的权利，并且不可从中获得版税，仅限于个人使用，以及在非商业的场景下展示该作品。

与此相反的是，在出售加密猫（Crypto Kitties）时，Dapper Labs 则允许买家对所购买的虚拟物品进行商业性利用，只要每年的总收益不超过 10 万美元。除此以外，大部分销售合同都没有赋予买家对作品进行修改和制作衍生品的权利。

（三） NFT 作品可能涉及的法律争议

1. NFT 艺术作品可能侵犯艺术家的作品完整权

尽管各国法律对于著作权的保护范围不同，但是总的来说，著作权包含了保护艺术家对于作品的原创性贡献，禁止他人对于作品的修改、删除以及禁止其对著作的歪曲、伤害和负面影响。一家公司购买了著名街头艺术家 Banksy 的作品 "Mornos"，然后购买者直播烧毁了该作品，随后团队在 OpenSea 市场上创建了一个 NFT 来代表该作品[②]。艺术作品本身已经被烧毁，NFT 艺术还能代表什么呢？烧毁艺术作品的行为，是否侵害了 Banksy 的著作完整权？公开

---

① 狮王乐队通过 NFT 转机销售获利近 2 百万 [EB/OL] . https: //www. digitallnusicnews. com/2021/03/10/kings-of-leon-nft-album-sales/.

② Banksy art burned then sold as a digital token for $ 380,000 [EB/OL] . [2021-03-11] . https: //news. cgtn. com/news/2021-03-11-Banksy-art-burned-then-sold-as-a-digital-token-for-380-000-YxCuLtFPNK/index. html.

焚烧 Banksy 的作品以此获利，是否还侵害了艺术家的著作财产权？这一系列问题刚刚涌现，也需要未来法律的更多介入和思考。

2. NFT 艺术品与作品追续权的法律冲突

《伯尔尼公约》第 14 条之三（一）规定了追续权：对于作家和作曲家的艺术原著和原稿，作者或作者死后由国家法律授权人或机构，享有从作者第一次转让作品之后对作品的每次销售中分取盈利的不可剥夺的权利。但是《伯尔尼公约》第 14 条之三（二）也规定，只有在作者国籍所属国法律允许的情况下，才可以对本联盟某一成员国要求上款所规定的保护，而且保护的程度应限于向之提出保护要求的国家的法律所规定的程度。因此，是否可以从转销售中获利，是一项可选择的权利。

在许多国家，传统艺术作品仅能在第一次销售时获利，之后每一次被转售所产生的利润，与创作者无关。然而，在加密艺术领域，艺术家通过智能合约技术，在每一次作品被转卖时都可以从中获得一部分收入。美国的著作权法仅基于首次销售原则，艺术家无权从后续销售中获利。那么，NFT 技术是否为艺术家提供了突破著作权法规定的可能性？后续还需要更多的规范、准则、案例的形成，以明确这些法律问题。

（四）买家应当注意的交易事项

NFT 从本质上说仅仅是储存在 OpenSea、Nifty 等平台上的链接。在购买之前，买家必须完成一系列的尽调工作，特别是要关注核实以下内容：

首先，买家要确定卖家确实拥有该艺术作品的所有权。表面上看，买家购买了艺术家出售的 NFT 艺术作品。然而，艺术家本人将自己的作品进行 NFT 和他人将该艺术品的复制品进行 NFT 化，几乎无法区分，需要一个内行的验证过程。因此，买家需要通过专业机构确认艺术家是该 NFT 作品的创作人，并且已经同意作品的 NFT 创作和使用。

其次，买家要确认销售合同赋予了自己怎样的权利。具体来说，即买家是否同时取得了商业化该艺术作品的权利。NFT 作品的原创者极有可能保留了独家复制、分发、修改、公开展示、公开表演该艺术作品的权利。买家斥巨资获得的仅仅是个人的非营利性使用权。

最后，买家还需要核实平台的可靠性。一时间，NFT 交易平台遍地开花。但很有可能买家斥巨资购买的 NFT 艺术仅仅保存在平台上，而并非存储于去中心化的存储协议上。一旦交易平台倒闭，所谓的 NFT 艺术作品很有可能一文不值。

五、 NFT 在非美国地区面临的监管

NFT 作为区块链在知识产权领域的最新应用，可以说为各国的监管带来了全新的挑战。除了美国之外，包括欧盟在内的各个国家和地区也正在酝酿如何在法律层面对其进行监管。

（一）欧盟的监管

早在 2020 年 10 月，欧盟委员会就开始酝酿提出《虚拟资产监管法规》（*Regulation on Markets in Crypto-assets*，MiCAR），为加密资产提供法律确定性，旨在于 2024 年之前在全欧盟范围内出台统一的虚拟资产监管牌照。大部分 NFT 应用，如艺术品、无形资产等，都属于 MiCAR 规定的商品（Commodities），因此未来也会面临 MiCAR 的监管。

（二）英国的监管

在英国，目前尚无正式的英国税务及海关总署（HM Revenue and Customs，HMRC）指引规定 NFT 在英国的税收法律地位。但可以预计的是，NFT 至少会被作为一种可征税的资产，面临资本利得税和遗产税的问题。现有的 HMRC 指南仅仅明确了适用于包括比特币在内的同质化代币。面对 NFT 资产或者其

他代币化资产，HMRC 尚无明确指引。

（三）新加坡的监管

一直以来，新加坡以其灵活的监管政策，成为全球领先的区块链中心。此前拍出天价的 Beeple 的 NFT 艺术作品，其背后的买家也是一只来自新加坡的基金。目前为止，新加坡并没有明确的法律指引规定 NFT。但是，如果 NFT 产品被认定为证券，要受到新加坡金管局（Monetary Authority of Singapore，MAS）的监管，其交易过程也要符合 AML/CFT 的各种要求。

六、结语

NFT 的表现形式很多，可以是一幅艺术作品、一段视频剪辑、一张 .gif 图片、一张数字交易卡。NFT 艺术的最大特点是"任何人都可以看到它，只有一个人可以拥有它"。这种交易方式，极有可能突破拍卖行、画廊、唱片公司等在艺术、音乐等领域的垄断，赋予艺术家、音乐家直接面对观众的可能性。在这样的技术性颠覆过程中，NFT 改变了我们对于知识产权、版税、金融等许多重大法律概念的理解。未来，规则如何设计，监管走向何方，等待我们的未知答案还有很多。

第十四章
我国互联网平台对国外跨境
刑事司法协助的合规应对

2022 年 1 月 19 日，据路透社报道，美国商务部情报与安全办公室（Commerce Department's Office of Intelligence and Security）正在针对阿里云业务开展国家安全审查，审查的重点在于阿里云如何存储美国用户的数据，包括个人信息以及相关的知识产权内容，以及中国政府是否会通过阿里云访问到美国用户的数据①。美国监管机构最终可能强制要求阿里云采取相应措施，用以明确降低云业务带来的风险，甚至有可能全面禁止美国用户在美国内外继续使用阿里云服务。

这已不是阿里云第一次在美国遭受调查，中资互联网企业在境外遭受他国执法机构调查也已经不是什么新鲜事。美国等西方国家利用"长臂管辖"的手段对海外企业和个人启动的刑事执法行动，给中资出海企业的经营活动以及相关人员的人身安全带来重大风险。除直接调查企业之外，各国执法机构的目标也瞄准了跨国互联网平台掌握的海量数据。以全球电商巨头亚马逊为例，仅2020 年一年，亚马逊就收到了来自全球执法机构 3282 份跨境调取电子数据的刑事司法协助请求②。这些请求来自不同的国家和不同的法域，并且直接指向企业掌握的用户数据，给企业在合规应对各国执法机构和保护用户合法权益之间造成了巨大的冲突和矛盾。企业应当从何种角度妥善应对？本章将就跨境电子数据取证的执法趋势、互联网企业应对跨国刑事执法的不同维度以及相应的

---

① Exclusive:U. S. examining Alibaba's Cloud Unit for National Security Risks –sources [EB/OL]. [2021–01–18]. https://www.reuters.com/technology/exclusive–us–examining–alibabas–cloud–unit–national–security–risks–sources–2022–01–18/.

② Amazon Information Request Report [EB/OL]. [2021–01–31]. https://d1.awsstatic.com/certifications/Information_Request_Report_December_2020.pdf.

企业跨境合规方案进行讨论。

一、跨境电子数据取证的全球执法趋势

（一）传统国际公约和条约框架下的各国跨境数据取证合作

早在 2001 年，欧洲理事会的 26 个欧盟成员和美国、加拿大、日本和南非等 30 个国家的政府官员在布达佩斯共同签署了《网络犯罪公约》（Cyber-crime Convention，以下称《布达佩斯公约》）。作为全世界第一部针对网络犯罪行为所指定的国际公约，该公约希望通过建立国际间对于网络犯罪立法的共同参考目标，进而有效促进国际合作。《布达佩斯公约》原则上规定，各国应当通过国内立法，确保其主管机关能够命令在其国内运营的服务提供商提交该服务提供商拥有或者控制的与此类服务有关的用户信息[①]；并且允许各国主管机构搜查或访问其境内的计算机系统上的数据；如果主管机关有理由相信数据存储在另一计算机系统中，主管机构也可以扩大搜查访问另一系统。《布达佩斯公约》第二议定书草案已于 2021 年 11 月通过，并于 2022 年 5 月进入签署和各国批准阶段。第二议定书授权执法机关直接向互联网服务提供者调取存储在境外的注册人信息以及 IP 地址，为执法机关直接调取境外电子数据做出了更快捷的设计[②]。目前已有 66 个国家加入《布达佩斯公约》。可以预见，在各国逐步签署第二议定书之后，类似的调查活动会更加频繁，跨国互联网平台面对的压力会不断增加。

---

① 《网络犯罪公约》第 18 条生产订单：

1. 各缔约方应采取必要的立法和其他措施，以授权其主管当局命令：

a. 在其领土内提交该人拥有或控制的特定计算机数据，这些数据存储在计算机系统或计算机数据存储介质中；和

b. 在一缔约方境内提供服务的服务商提交与该服务提供商拥有或控制的此类服务相关的订户信息。

② 第 7 条用户信息的披露

......

1. 各缔约方应采取必要的立法和其他措施，授权其主管机关发布命令，直接提交给另一缔约方境内的服务提供商，以便在发布方的具体刑事调查或诉讼需要用户信息的情况下，披露该服务提供商拥有或控制的特定、存储的用户信息。

除《布达佩斯公约》之外，欧盟《涉刑事电子证据生成和存留命令条例（草案）》（以下简称《电子证据条例（草案）》）提出了欧盟电子证据提取令（European Production Order）和欧盟电子证据保存令（European Preservation Order），并授权一成员国司法机关直接向另一成员国内的互联网服务提供者直接调取数据[1]。同时，《电子证据条例（草案）》扩大了适用范围，只要互联网服务提供者意在向欧盟境内居民提供服务，就要受到该法的管辖[2]。这意味着，一旦该法生效通过，便立即对我国包括 TikTok、淘宝等在内的各大互联网平台拥有管辖权。

（二）双边刑事司法协助协议下的跨境数据取证合作

除国际公约以及区域性条约之外，国与国之间通常通过刑事司法协助（Mutual Legal Assistance，MLA）的方式进行跨境数据取证协助。以中国为例，我国于 2018 年 10 月 26 日就通过了《中华人民共和国国际刑事司法协助法》。该法对于已经与我国签订刑事司法互助条约的国家，我国按照双边刑事司法协助条约规定的程序进行跨境取证。对于尚未与我国签订双边条约的国家，两国基于平等互惠原则开展刑事司法互助。截至目前，我国已与包括美国在内的 56 个国家签订了双边刑事司法协助条约，同时也加入了国际刑警组织[3]。从理论上说，这 56 个国家的执法机构向位于我国境内或者境外的企业调取电子证据，都应当遵守双边刑事司法协助的流程规定。这些国家的执法机构应当向所在国的中央执法机构（Central Authority）提出请求，并由中央执法机构向我国司法

---

[1] 解释性备忘录:欧洲议会和理事会关于欧洲刑事事项电子证据制作和保存令的条例第 1 章:
"本条例应为调查当局获取电子证据提供额外的工具，同时不限制国家法律已经规定的强制服务提供商在其领土上设立或代表的权力。 如果服务提供商在同一成员国设立或代表，则该成员国当局应因此使用国家措施强制服务提供商。"
"通过欧洲生产订单订购的数据应直接提供给当局，而无须服务提供商所在成员国的当局参与。该条例还不再将数据位置作为决定性的连接因素，因为数据存储通常不会引发数据存储所在州的任何控制。 在大多数情况下，此类存储由提供商单独根据业务考虑确定。"
[2] 解释性备忘录:欧洲议会和理事会关于欧洲刑事事项电子证据制作和保存令的条例第 1 章:
"此外，如果服务提供商不在联盟中设立或代表，但在联盟中提供服务，则该法规也适用。"
[3] 参见"中华人民共和国条约数据库"。

部提出跨境刑事司法协助请求，再由司法部将相应的请求转递给国家监察委、最高人民法院、最高人民检察院、公安部、国家安全部等部门，最后由这些具体的办案机关向企业调取证据①。

以上流程也是世界各国通用的刑事司法协助流程。联合国毒品与犯罪问题办公室（United Nations Office on Drugs and Crime）早在 2007 年就出台了《刑事司法互助模范法典》（*Model Law on Mutual Assistance in Criminal Matters*）②。这为各国制定相应的国内立法提供了立法框架和技术支持。

（三）以"云法案"为代表的跨国直接执法行动

虽然双边刑事司法协助条约成为世界各国之间的官方刑事司法协助渠道，但是该渠道效率缓慢冗长。在跨境网络犯罪蔓延的今天，各国执法机关对于域外电子数据的渴求日趋明显，因此不断尝试通过国内法框架来突破域外取证的司法主权限制。

从电子数据取证的角度，美国早在 1986 年便通过了《电子通信隐私法》（*Electronic Communications Privacy Act*，ECPA）。《电子通信隐私法》修正了 1986 年《综合犯罪防治及街坊安全法第三篇》（*Title III of the Omnibus Crime Control and Safe Street Act*），目的是延伸原先在电话有限监听的相关管制范围，并且加大对于通过电脑的电子数据传递的调查力度。美国政府根据《电子通

---

① 《中华人民共和国国际刑事司法协助法》第五条规定："中华人民共和国和外国之间开展刑事司法协助，通过对外联系机关联系。中华人民共和国司法部等对外联系机关负责提出、接收和转递刑事司法协助请求，处理其他与国际刑事司法协助相关的事务。中华人民共和国和外国之间没有刑事司法协助条约的，通过外交途径联系。"第六条规定："国家监察委员会、最高人民法院、最高人民检察院、公安部、国家安全部等部门是开展国际刑事司法协助的主管机关，按照职责分工，审核向外国提出的刑事司法协助请求，审查处理对外联系机关转递的外国提出的刑事司法协助请求，承担其他与国际刑事司法协助相关的工作。在移管被判刑人案件中，司法部按照职责分工，承担相应的主管机关职责。办理刑事司法协助相关案件的机关是国际刑事司法协助的办案机关，负责向所属主管机关提交需要向外国提出的刑事司法协助请求、执行所属主管机关交办的外国提出的刑事司法协助请求。"
② United Nations Office on Drugs and Crime. Model Law on Mutual Assistance in Criminal Matters(2007) [EB/OL] . https: //www. unodc. org/pdf/legal_advisory/Model%20Law%20on%20MLA%202007. pdf.

信隐私法》的第二篇《存储通信记录法》（*Stored Communication Act*，SCA）可以要求通信服务商提交存储于电脑上的电子数据。

由于 SCA 并没有明确解决域外证据调取的问题，2018 年美国又通过了《澄清域外合法使用数据法》（*Clarifying Lawful Overseas Use of Data Act*，*The Cloud Act*）。*The Cloud Act* 提出了"数据控制者"标准，即"无论通信、记录或者其他信息是否存储在美国境内，只要上述通信内容、记录或其他信息为该服务提供者所拥有、监管或控制，服务提供者均应当按照本章规定的义务要求保存、备份、披露通信内容、记录或其他信息"。同时，*The Cloud Act* 明确，只要通信服务提供者受到美国法的管辖，如在美国境内存在商业实体（或者外国公司在美国境内存在分支机构），美国执法人员可以依据 SCA 送达搜查令或者法庭命令，该商业实体就必须提供其可以控制的电子数据。

除美国之外，世界上的许多其他国家也纷纷通过此类立法强化域外电子证据取证的力度。2019 年 2 月，英国通过了《海外调取证据法》［*U. K. Crime (Overseas Production Order) Act*］，允许英国警方直接调取位于英国以外的电子证据。在英国与他国签署条约的前提下，英国执法机构与相关单位基于调查和起诉英国国内严重犯罪的需要，可以向法院申请海外证据搜索令（Overseas Production Order，OPO），凭借搜索令要求自然人或法人，提供存储于英国境外的电子证据（Electronic Data）或者特殊电子证据（Excepted Electronic Data）。由于美英之间已经签署条约落实该协议，故英国可以根据 OPO 调取位于美国境内的电子证据。但截至目前鲜少见关于英国使用 OPO 的报道。值得关注的是，英国执法机关并无权力直接向外国企业发出 OPO，必须经过英国内政大臣转递。

二、跨国企业应对跨境刑事取证的不同维度

（一）综合考量企业全球布局下的各国联结点引发的多重管辖权

截至 2021 年，中国已经成为全球第三大对外直接投资国，共有 1.6 万中

国投资主体在全球 179 个国家和地区成立了 2.2 万家海外企业①。从 2015 年开始，包括 BAT 在内的中国互联网头部企业纷纷大手笔布局海外市场，投身"大航海时代"。许多互联网企业甚至在全球多个国家和地区注册数十家各类境外主体，以享受不同国家和地区的法律营商红利。在享受红利的同时，这些企业也不知不觉地将自己纳入全球不同国家的执法管辖范围。常见的情况是，某些企业注册地在一个国家，实际经营地又在其他多个国家或地区，同时又通过实际控制的方式控制不同国家或地区的不同关联企业。某些企业基于特殊营业目的的需要，还会在不同国家或地区申请不同类型的营业牌照。最后，大部分企业会用云存储服务，将自己的数据存储在 AWS、阿里云、Google 等不同云服务商的服务器上，而这些服务器又位于全球各地。在这种情况下，企业往往会与十几个国家或地区建立不同的法律上的联结（Contacts），导致十几个不同的国家或地区都可以依据国内法对企业行使管辖权。这些不同的国家或地区可以针对在其境内的跨国企业实体发出调取证据请求，并且要求跨国企业配合调取境外的证据。虽然这种做法没有明确国内法支持，多少有打"擦边球"的嫌疑，但是企业出于对境内高管、员工的人身制裁风险等多重因素的考量，往往不得不配合。

在这种情况下，企业首先要全面梳理全球可能与企业建立连接点的国家，包括但不限于公司注册地、实际经营地、数据存储地、关联公司所在地、业务牌照所在地、用户所在地等。单一应对某一国家或地区的法规，往往会导致企业顾此失彼，从而对他国潜在制裁风险不自知。

（二）综合考量不同类型部门法对于企业应对跨境刑事取证合规的影响

出海企业跨境刑事执法应对的合规不仅需要考虑不同国家法律对于企业的影响，还要考虑不同部门法对于企业合规的影响。

---

① 中国企业全球化最佳实践:应对运营挑战［EB/OL］. https: //www3. weforum. org/docs/ WEF_EmerginBestPracticesofChineseGlobalizers_2014_CN. pdf.

在跨境刑事司法取证的语境下，企业至少需要全面考量以下四大类部门法：第一类是刑事实体法。刑事实体法包括各国的刑法和刑事单行法。刑事单行法又包括各国反腐败法、反商业贿赂类立法、打击网络犯罪专门立法、打击金融犯罪专门立法等。例如，美国常依据《反海外腐败法》（Foreign Corrupt Practices Act，FCPA）对跨国企业的商业活动进行调查，并要求企业配合相应的跨国刑事执法行动。又例如，新加坡警方曾依据《反腐败、毒品走私和其他严重犯罪（犯罪孳息没收）法案》[Corruption, Drug Trafficking and Other Serious Crimes (Confiscation of Benefits) Act]要求跨国互联网企业提交用户数据。第二类是刑事程序法。刑事程序法不仅包括各国的刑事程序国内法，还包括国与国之间的刑事司法协助条约、多边条约、国际公约等。企业必须对各国的跨境刑事执法行动的司法协助规范流程了然于心，才能准确识别各国执法机构的请求。第三类是数据保护类法律。跨境刑事司法的主要目的是为了获取境外电子证据。由于跨国企业会将数据储存在不同的国家，证据请求国与数据存储国往往不是同一个国家，企业为了配合一国的跨境刑事证据请求就必须要将数据从一国迁移至另一国。企业的跨境数据传输行为必须要符合数据存储国的数据与隐私保护法律。不少国家都对数据出境做出了明确的限制和申报审批要求，亦有国家对于出境数据用于刑事侦查活动做出了明确的限制①。因此企业的配合行为往往会直接导致违反他国数据保护

---

① 《个人信息保护法——日本》第七十八条：
(1)委员会可以向执行与本法相当的外国法律法规的外国当局（以下简称本条中的"外国执法机关"）提供被认为有助于履行其职责的信息（仅限于相当于本法规定的委员会职责；同样适用于下一段）。
(2)根据前款规定提供信息，应当采取适当措施，使该信息不用于外国执法机关履行职责以外的目的，也不用于外国刑事案件调查（仅限于查明所调查的犯罪事实后进行的）或未经前项同意的判决（以下统称"调查等"）。
(3)委员会在收到外国执法机关的请求时，可以同意将其根据第(1)款提供的信息用于与请求有关的外国刑事案件调查等，但不属于在以下任何一项下。
(i)与该请求相关的刑事案件调查等对象的犯罪为政治犯罪时，或该请求被认为是为了对政治犯罪进行调查等的目的时；
(ii)与上述请求相关的刑事案件调查等对象的犯罪行为，如果发生在日本境内，根据日本法律法规不构成刑事犯罪时；
(iii)不能保证请求国会接受日本的同类请求时。
(4)委员会在根据前款同意的情况下，应获得法务大臣对不属于前款第(i)项和第(ii)项的情况的确认，以及外务大臣的确认不属于前款第(iii)项的情形。

法。第四类是消费者权益保护法。互联网平台往往面对世界各地的用户提供服务，提供这些用户的数据给他国刑事执法机构可能会导致违反一国的消费者权益保护法。例如对美国用户而言，《金融服务现代化法案》（Gramm-Leach-Bliley Act）对于金融机构对外披露金融用户信息设定了非常严格的限制，仅给予美国法院及监管机构以获取个人信息的部分豁免①。

（三）厘清不同国家不同法律的交叉适用

以上基于与不同国家和地区的连接点产生了企业适用不同种类的部门法的可能性。单一地配合某国法律或者单一地考虑某类法律都无法合规地完成跨境刑事执法配合的活动，反而会将企业卷入国际法律冲突的旋涡。因此，企业必须结合全球的商业布局和战略定位，厘清不同国家和地区法律对自身的适用范围。同时，企业需要根据自己全球的员工布局、高管境外旅行的实际需要，厘清不同国家法律可能对员工高管带来的制裁措施。另外，企业还需要综合考虑不同部门法的交叉适用问题。企业只有找到不同国家不同部门法交叉平衡点，才能把控企业对于他国执法机构配合行为的风险，不至于陷自身于两难之地。

大部分中资企业还需要充分考虑到中国的监管禁止性规定。我国于2018年10月出台的《国际刑事司法协助法》以及2021年6月出台的《数据安全法》从不同维度构建起了我国应对外国跨境数据取证的"封阻法案"（Blocking Statute）。除此以外，2019年出台的《证券法》也在证券领域制定了应对外国政府跨境调查的进一步规制手段。如何利用各国类似的封阻法案最大程度地进行抗辩以实现跨境合规与商业利益的平衡，也是出海企业必须要考量的实际问题。

三、跨国互联网企业的跨境刑事执法应对合规方案

（一）制定完善的跨境刑事协查对外流程

面对频繁的跨国刑事证据调取，企业必须制定好跨境刑事协查配合流程方

---

① 《美国法典》第6802条—与个人信息披露有关的义务。

案。该流程指引一方面要考虑企业的全球布局可能带来的不同国家管辖，另一方面要结合企业的自身业务特征考虑不同类型部门法对企业业务的影响。除此以外，企业还必须在不同国家的风险当中进行平衡。该流程还必须具有足够的实操可能性。因为该流程面对的不仅是来自中国的执法机关，还来自全球多个不同的国家。这些国家既包括普通法系国家，也包括大陆法系国家；既有单一制国家，也有联邦制国家。有些国家的调查取证主体和我国类似，仅限于警察、检察官等执法机关。有的国家还会赋予行政机关广泛的类刑事执法权，金融监管、税务、商贸等多个行政部门都有可能有权力向企业提出配合请求。因此，一个完善且可落地的跨境刑事协查对外流程指引需要帮助企业在多国复杂的法律交叉情境下找到"最大公约数"，从而最大程度地规避企业在不同国家和地区可能面临的不同种类的风险。

（二）建立跨境刑事协查企业内部管理方案

配合跨境刑事执法，不仅需要完善的对外流程，更需要健全的内部配合相应方案。一方面，配合外国刑事协查的流程需要企业员工访问、调取存储在不同国家的用户数据。很多情况下，用户数据包括金融信息、生物识别信息等在内的敏感信息，其访问流转会适用更高级别的保护规定。企业应当对内部员工的访问权限做好分级管理，以防止在配合过程中导致的用户信息泄露问题。另一方面，跨国企业的部门很多，不同国家的不同部门都有可能面临来自各国执法机构的调查。因此企业必须建立起对外统一的配合窗口，在内部将外部调查归口统一管理，以防止多头配合导致企业内部信息不匹配带来的延误配合或者过度配合的问题。企业还应当建立起完善的内部档案管理制度，并且指派专人进行记录留档和管理，并且妥善应对因配合执法机关执法导致的用户投诉、企业商业信誉受损等问题。

（三）做好跨境刑事司法协助紧急预案

在日常流程之外，企业还应当针对跨境刑事司法协助可能引起的海外制裁问题做好紧急预案。基于此类问题引发的复杂法律关系会导致公司或者高管面临来自不同国家的制裁。比如在英国，拒绝配合法庭的搜查令状可能导致企业的主管人员被判处藐视法庭的罪名①，从而面临监禁或者罚款。这些罪名有些是不可引渡罪名，而有些则是可引渡罪名。企业高管存在被某国缺席判决然后引渡的风险。除此以外，各国还会利用企业高管国际旅行踏入自己管辖领土的时机向企业高管直接送达相关法律文书②，从而导致制裁风险有可能转化为现实。公司必须针对此类情况制定紧急预案，做好行前调查，全面排查风险，并且尽量避免携带敏感电子设备，通过充分的行前培训以帮助企业高管在危机下做出妥善应对。

四、结语

在未来，此类跨境刑事司法调查的频率会日益提高，范围会日益扩大，成为互联网企业不得不直面的疑难问题。跨境数据调取已经在国家间的数据攻防战甚至国际政治博弈中成为他国损害我国企业海外利益的武器。一方面，企业在享受各国法律红利的同时需要充分考虑各国的法律制度差异；另一方面，如何真正实现在全球范围内的跨境合规，如何利用合规助力企业海外战略布局，也是企业不得不充分思考的议题。随着新冠肺炎疫情不断得到控制，可以预见的是，未来中国企业高管国际旅行会逐步恢复常态，被疫情暂时阻隔的海外制裁风险又会重新浮出水面。如何未雨绸缪、防患于未然，是每一个跨国企业都需要尽早规划的议题。

---

① 2003 年《犯罪（国际合作）法》：
"如果某人不遵守生产令，法院可以（无论法院是否将此事作为藐视法庭处理）根据第（1）分节就生产令所涉材料发出逮捕令。"
② Tom Epps & Marie Kavanagh，KBR v. SFO：Implication for overseas document production. ［EB/OL］．［2021-03-17］．https：//www. cooley. com1-/media/cooley/pdf/reprints/2021/acr-kbr-v-sfo-implications-for-overseas-document. ashx? la = en&hash：ZADB454DB2F2C98EA 8A313EFABATC428. 汤姆·埃普斯和玛丽·卡瓦纳、KBR 诉 SFO：对海外文件制作的影响．

第十五章

从云服务商到云服务殇

—— 从美国调查阿里云看美国跨境刑事取证手段的实际运用

早在特朗普时代，美国政府的清洁网络计划（The Clean Network）就专门针对包括阿里云、百度云和腾讯云在内的云服务商提出了"清洁云"行动，并将来自中国的云服务商定义为"不安全"，旨在防止美国公民最敏感的个人信息和企业最有价值的知识产权被中国云服务商的云端系统所获取①。此次调查可谓一石激起千层浪。一方面，云服务商存储、加工数据的所有权引起再次讨论；另一方面，美国针对云服务商的调查取证手段又一次引起热议。本章将重点介绍美国针对域外电子证据的取证手段。

一、美国执法机关的域外取证法律框架

（一）基于国际刑事司法协助的调查取证框架

美国司法部（Department of Justice）通过一系列国际条约和协助网络，为美国刑事司法活动从美国境外获取证据、执行划转境外资产提供支持。从原则上说，美国的司法机关从境外直接搜集证据的行为，可能会导致美国的执法人员违反其他国家法律从而受到他国的起诉。因此，一般情况下，美国司法部建议通过双边司法条约的形式，从境外搜集用于美国刑事诉讼活动的证据。除双

---

① U. S. Department of State. The Clean Network [EB/OL]. [2021-01-12]. https: //2017-2021. state. gov/the-clean-network/index. html.

边司法协助条约（Mutual Legal Assistance Treaty）之外，美国与许多国家还订立有双边司法协助协议（Mutual Legal Assistance Agreement）。对于美国没有与之缔结条约或者公约的国家，美国司法部会通过调查请求信（Letters Rogatory）的方式请求他国司法机关予以协助。此外，美国也加入并批准了《联合国有组织犯罪公约》[①]，在该公约项下，美国进一步与其他国家形成刑事司法协助关系，以减轻执法机关跨境调查时遇到的阻碍。

司法部是美国进行刑事司法协助的对外联系机关，其下属的刑事犯罪部国际事务办公室是具体负责的联络机关。美国司法部刑事司法手册明确规定，美国联邦检察官意图从域外调查取证、在以电话或者邮件形式联系证人的情况下，必须取得该国际事务办公室的批准[②]（见图15-1）。

图 15-1 美国刑事司法协助的主要流程

（二）基于美国国内法的调查取证框架

长久以来，包括美国在内的各国司法机关对于刑事司法协助的有效性和及时性都提出了质疑，平均一份刑事司法协助协议需 8~10 个月才能完成。在跨境网络犯罪蔓延的今天，美国执法机关对于域外电子数据的渴求日趋明显。因此，美国执法机关不断尝试通过国内法框架突破域外取证的司法主权限制。

美国在 1986 年便通过了《电子通信隐私法》（*Electronic Communications Privacy Act*,ECPA）。《电子通信隐私法》修正了 1986 年《综合犯罪防治及街坊安全法第三篇》（*Title Ⅲ of the Omnibus Crime Control and Safe Street Act*）。该法一

[①] The United Nations Convention against Transnational Organized Crime and the Protocols Thereto [EB/OL]. [2017–07–13]. https://www.unodc.org/unodc/en/treaties/CTOC/.

[②] 司法手册:9-13·500 在美国境外开展任何与刑事侦查或者公诉相关的包括通过邮件或者电话联系证人等调查行动之前，必须取得国际事务部（OIA）刑事办公室的同意（202-514-0000）。

方面加大了原先在电话有限监听的相关管制范围，另一方面也加大了对通过电脑进行电子数据传递的调查力度。该法第二篇《存储通信记录法》（*Stored Communication Act*，SCA）授权美国政府可以要求通信服务商提交存储于电脑上的电子数据。但是，由于 SCA 没有明确美国政府的管辖权是否触及美国境内的通信服务商存储于美国境外的数据，引发了著名的美利坚合众国诉微软一案。在本案中，微软对 FBI 的搜查令提出质疑，认为美国境内的搜查令不能覆盖微软存储于爱尔兰的数据，根据"数据存储地"标准，FBI 无权调查境外证据；而美国政府则认为，执行搜查令只需要微软在美国境内远程访问爱尔兰的数据，根据"数据控制者标准"，美国政府的搜查令完全有效。

微软和美国政府之间的争议一直起诉到了最高法院。然而，案件在最高法院审理期间，美国国会以迅雷不及掩耳之势通过了《澄清域外合法使用数据法》（*Clarifying Lawful Overseas Use of Data Act*，*The Cloud Act*）。*The Cloud Act* 提出了"数据控制者"标准，即"无论通信、记录或者其他信息是否存储在美国境内，只要上述通信内容、记录或其他信息为该服务提供者所拥有、监管或控制，服务提供者均应当按照本章规定的义务要求保存、备份、披露通信内容、记录或其他信息"。同时，*The Cloud Act* 明确了只要通信服务提供者受到美国法的管辖，如在美国境内存在商业实体（或者外国公司在美国境内存在分支机构），美国执法人员可以依据 SCA 送达搜查令或者法庭命令，该商业实体就有权提供其可以控制的电子数据。

从本质上来说，*The Cloud Act* 并没有提出任何新的立法概念。诚如美国司法部在《云法案白皮书》中所说，绝大部分加入《网络犯罪公约》（即《布达佩斯公约》）都提出了数据本地化存储的要求，并且据此要求进行证据披露[①]。法国法院常年以来都允许法国警方调取法国以外的电子数据，只要该电子数据可以通过法国境内的电脑进行访问。2019 年 2 月，英国也通过了《海

---

① U. S. Department of Justice. Promoting Public Safety, Privacy, and The Rule of Law Around The World: The Purpose and Impact of the Cloud Act [EB/OL]. [2019-04-16]. https://www.justice.gov/dag/page/file/1153436/download.

外调取证据法》［*U. K. Crime*（*Overseas Production Order*）*Act*］，允许英国警方直接调取位于英国以外的电子证据。

但是，*The Cloud Act* 还是引起了轩然大波，特别是对于云服务商的域外数据存储活动带来了巨大挑战。一方面，包括 AWS、Google 在内的多家云服务商巨头都直接受到美国法管辖，它们的数据存储在世界各国，美国政府的执法调查权随着 *The Cloud Act* 延伸到全世界每个角落；另一方面，这些云服务商的服务器上存储了大量各大企业及私人用户的数据，如果认定云服务商对于这些数据具有控制权，那么美国政府的电子数据执法调查权将会触达全世界每一家公司、实体乃至每一个人。

二、美国执法机关的域外取证手段

（一）传统刑事取证手段

美国政府调取电子证据的传统刑事取证手段主要有三种：传票（Subpoena）、搜查令（Search Warrant）和法庭命令（Court Order）。①传票。传票是美国法官或者治安法官在未经过实质审查的基础上签发的要求一方当事人或者证人提交文件或者提供信息的具有法律约束力的请求，可以说是美国政府机构或者执法机构对境内外公司企业进行调查的"开路先锋"。传票可以分为行政传票（Administrative Subpoena）和大陪审团传票（Grand Jury Subpoena）。美国商务部曾经在 2021 年 3 月向多家中国通信供应商发出传票①。传票并不指向实质性证据。②搜查令。搜查令是由美国法庭签发的经过法官进行审查的具有法律约束力的请求。法官签发搜查令的基础是盖然理由（Probable Cause），这一标准要求"适当程度的怀疑"，比合理怀疑（Reasonable Suspicion）要高，但又低于排除合理怀疑（Beyond Reasonable Doubt）。与传票相比，搜查令所针对的

---

① 美国商务部向多家中国通讯供应商发传票，进行"安全审查"［EB/OL］．［2021-03-18］．https://www.sohu.com/a/456137846_313745.

证据具有明确的指向性。③法庭命令。法庭命令是法庭签发的除搜查令之外的其他具有法律约束力的命令，美国执法人员也可以据此调取证据。

（二）国家安全取证手段

除传统行政调查和刑事侦查外，基于反恐怖组织、反间谍等国家安全的需要，美国联邦调查局（Federal Bureau of Investigation，FBI）可以直接向公司发出国家安全调查信（National Security Letter），要求第三方配合调查、提供证据。"9·11"事件发生后，国家安全调查信成为美国政府不可缺少的对外执法调查的有力武器。国家安全调查信与上文提到的联邦行政执法机构的行政传票类似，可以在没有经过法庭审批的情况下调取证据（见表15-1）。然而，国家安全调查信仅能用于国家安全调查，不能用于普通刑事犯罪或者美国国内恐怖活动侦查；只能用于获取某些特定交易信息，而不能被用于获取通信内容。表15-1为美国国家安全调查信的基本内容。

表15-1　美国国家安全调查信基本内容[①]	
法律依据	《金融隐私权法案》 《公平信用报告法》 《电子通信隐私法》 《国家安全法》 《爱国者法案》
请求内容	注册用户信息 电话账单信息 互联网服务提供商登录记录信息 交易记录电子通信数据 金融信息 转账汇款记录 信用报告其他可以用于识别消费者的信息

---

① National Security Letter，网址链接如下：https://irp.fas.org/news/2007/03/nsl-faq.html。

续表

签发机关	副局长 国家安全部门的执行副局长和助理执行副局长 助理局长和其他反情报侦查、反恐、网络犯罪侦查部门的代理助理局长 总法律顾问 国家安全法律部门的代理总法律顾问 负责的助理局长；纽约、洛杉矶、华盛顿特区的所有特别探员主管；所有其他地区的特别探员主管

三、各大云服务商对美国执法机关调查的实际应对

（一）亚马逊（Amazon）

诚如上文所述，美国执法机关向云服务商要求调取不同企业的电子证据的传统由来已久。作为全球最大的公有云服务厂商，亚马逊云（AWS）占到了全球超过四成的公有云份额。由于 AWS 的存储地遍布全球各地，其自然而然遭到了来自包括美国在内的全球多个国家的刑事调查配合请求。这些请求既包括内容型请求（Content Information），即 AWS 的用户存储在 AWS 服务器上的数据以及 AWS 云计算服务的成果物；也包括非内容型请求（Non-Content Information），即用户名称、地址、邮箱地址、注册信息、AWS 使用记录等。

亚马逊（包含 AWS）只有在接到合法且有效的调查取证请求的情况下，才会做出配合。对于过于宽泛、模糊的请求，或者流程不符合正当程序规定的请求，亚马逊并不会配合[①]。同时，由于传票的范围过于广泛且并不针对特定信息，亚马逊并不会针对传票提供内容型信息（见表 15-2）。

表 15-2 2018~2022 年 AWS 对美国执法调查请求的配合情况 单位：件

年份	传票			搜查令			其他法庭命令			国家安全调查信[②]
	317			47			64			
2018	全部配合	部分配合	不配合	全部配合	部分配合	不配合	全部配合	部分配合	不配合	0~249
	149	110	58	24	13	10	26	13	25	

①② Amazon Information Request Report [EB/OL]. [2021-06-30]. https://d1.awsstatic.com/Information_Request_Report_June_2021_x.pdf.

续表

年份	传票			搜查令			其他法庭命令			国家安全调查信
2019	317			50			54			0~249
	全部配合	部分配合	不配合	全部配合	部分配合	不配合	全部配合	部分配合	不配合	
	205	106	97	32	11	7	24	10	20	
2020	269			37			38			0~249
	全部配合	部分配合	不配合	全部配合	部分配合	不配合	全部配合	部分配合	不配合	
	46	146	77	8	23	6	13	15	10	

资料来源:亚马逊公布的执法机构请求统计报告。

受到法律规定的限制,亚马逊会根据国家安全请求信的性质要求做出回应,并且不能公布自己接收到的此类请求的数量。目前,亚马逊仅公布了包含 AWS 在内的此类请求的大致数量范围。

(二)阿里云

阿里云在美国的份额依然不大,年营收少于 5000 万美元[1]。此次事件后,阿里云对是否遭受美国商务部调查也未给出官方回应。究竟阿里云是否接受调查,此前是否曾经接收到来自美国执法机构的刑事调查取证请求,目前公众尚不得而知。然而,阿里云美国官网对于用户的隐私与安全问题做出了如下承诺:用户数据系用户上传至阿里云服务器的内容,其存储在阿里云服务器上。用户对于这些信息具有控制、维护以及所有权。用户也可以决定信息的存储地、存储的形式、架构和网络安全保障问题。用户可以决定是否需要采用加密或者匿名化的方式保护自己的数据[2]。

从这段公开陈述来看,阿里云与微软采取了同样的主张,即"数据存储

---

[1] https://www.reuters.com/technology/exclusive-us-examining-alibabas-cloud-unit-national-security-risks-sources-2022-01-18.

[2] 阿里云合规常见问题,具体见:https://www.alibabacloud.com/trust-center/faq?spm = a3c0i.17673433.6791778070.dnavwhyc4.66fc704fxpeNuc.

地"标准，数据所有者或者控制者是用户本身。即使阿里云处于美国法的管辖之下，其本身既然不是数据的所有者和控制者，自然不具有配合美国执法机关的义务和能力。如美国执法机关需要获取相应数据，应当直接联系用户本人。阿里云的做法，显然与其他包括 AWS、Google 和 IBM 在内的云服务商采用了同样的应对策略。

四、结语

全球数据的云内存储流转已经成为不可阻挡的趋势和我们绕不开的现实，数据安全的风险也早已不仅仅限于个人隐私，更已经上升到国家安全的角度。本章仅仅从美国出发，探讨一国"长臂管辖"对于另一国数据存储与传输的挑战。然而，在多国重叠管辖下，数据跨境面临合规两难。全球跨境数据流通的统一规则尚未形成，但是各国司法机关的刑事管辖却已经蠢蠢欲动。数据的跨境流通不再仅仅是一个行政监管和私力救济的问题，更上升成为包含国际公约、区域性条约、各国刑事实体法、刑事程序法以及数据隐私法等内容的复杂问题，以国别管辖冲突为重点，以刑事制裁为抓手的全方位立体化的跨境刑事调查取证体系。

Surfing Web 3.0

with
Metaverse Compliance Guideline

第五篇 ｜ 监管篇

第十六章

《区块链信息服务管理规定》

（国家互联网信息办公室令第 3 号）

第一条　为了规范区块链信息服务活动，维护国家安全和社会公共利益，保护公民、法人和其他组织的合法权益，促进区块链技术及相关服务的健康发展，根据《中华人民共和国网络安全法》《互联网信息服务管理办法》和《国务院关于授权国家互联网信息办公室负责互联网信息内容管理工作的通知》，制定本规定。

第二条　在中华人民共和国境内从事区块链信息服务，应当遵守本规定。法律、行政法规另有规定的，遵照其规定。

本规定所称区块链信息服务，是指基于区块链技术或者系统，通过互联网站、应用程序等形式，向社会公众提供信息服务。

本规定所称区块链信息服务提供者，是指向社会公众提供区块链信息服务的主体或者节点，以及为区块链信息服务的主体提供技术支持的机构或者组织；本规定所称区块链信息服务使用者，是指使用区块链信息服务的组织或者个人。

第三条　国家互联网信息办公室依据职责负责全国区块链信息服务的监督管理执法工作。省、自治区、直辖市互联网信息办公室依据职责负责本行政区域内区块链信息服务的监督管理执法工作。

第四条　鼓励区块链行业组织加强行业自律，建立健全行业自律制度和行业准则，指导区块链信息服务提供者建立健全服务规范，推动行业信用评价体系建设，督促区块链信息服务提供者依法提供服务、接受社会监督，提高区块链信息服务从业人员的职业素养，促进行业健康有序发展。

　　第五条　区块链信息服务提供者应当落实信息内容安全管理责任，建立健全用户注册、信息审核、应急处置、安全防护等管理制度。

　　第六条　区块链信息服务提供者应当具备与其服务相适应的技术条件，对于法律、行政法规禁止的信息内容，应当具备对其发布、记录、存储、传播的即时和应急处置能力，技术方案应当符合国家相关标准规范。

　　第七条　区块链信息服务提供者应当制定并公开管理规则和平台公约，与区块链信息服务使用者签订服务协议，明确双方权利义务，要求其承诺遵守法律规定和平台公约。

　　第八条　区块链信息服务提供者应当按照《中华人民共和国网络安全法》的规定，对区块链信息服务使用者进行基于组织机构代码、身份证件号码或者移动电话号码等方式的真实身份信息认证。用户不进行真实身份信息认证的，区块链信息服务提供者不得为其提供相关服务。

　　第九条　区块链信息服务提供者开发上线新产品、新应用、新功能的，应当按照有关规定报国家和省、自治区、直辖市互联网信息办公室进行安全评估。

　　第十条　区块链信息服务提供者和使用者不得利用区块链信息服务从事危害国家安全、扰乱社会秩序、侵犯他人合法权益等法律、行政法规禁止的活动，不得利用区块链信息服务制作、复制、发布、传播法律、行政法规禁止的信息内容。

　　第十一条　区块链信息服务提供者应当在提供服务之日起十个工作日内通过国家互联网信息办公室区块链信息服务备案管理系统填报服务提供者的名称、服务类别、服务形式、应用领域、服务器地址等信息，履行备案手续。

　　区块链信息服务提供者变更服务项目、平台网址等事项的，应当在变更之日起五个工作日内办理变更手续。

　　区块链信息服务提供者终止服务的，应当在终止服务三十个工作日前办理注销手续，并作出妥善安排。

第十二条　国家和省、自治区、直辖市互联网信息办公室收到备案人提交的备案材料后，材料齐全的，应当在二十个工作日内予以备案，发放备案编号，并通过国家互联网信息办公室区块链信息服务备案管理系统向社会公布备案信息；材料不齐全的，不予备案，在二十个工作日内通知备案人并说明理由。

第十三条　完成备案的区块链信息服务提供者应当在其对外提供服务的互联网站、应用程序等的显著位置标明其备案编号。

第十四条　国家和省、自治区、直辖市互联网信息办公室对区块链信息服务备案信息实行定期查验，区块链信息服务提供者应当在规定时间内登录区块链信息服务备案管理系统，提供相关信息。

第十五条　区块链信息服务提供者提供的区块链信息服务存在信息安全隐患的，应当进行整改，符合法律、行政法规等相关规定和国家相关标准规范后方可继续提供信息服务。

第十六条　区块链信息服务提供者应当对违反法律、行政法规规定和服务协议的区块链信息服务使用者，依法依约采取警示、限制功能、关闭账号等处置措施，对违法信息内容及时采取相应的处理措施，防止信息扩散，保存有关记录，并向有关主管部门报告。

第十七条　区块链信息服务提供者应当记录区块链信息服务使用者发布内容和日志等信息，记录备份应当保存不少于六个月，并在相关执法部门依法查询时予以提供。

第十八条　区块链信息服务提供者应当配合网信部门依法实施的监督检查，并提供必要的技术支持和协助。

区块链信息服务提供者应当接受社会监督，设置便捷的投诉举报入口，及时处理公众投诉举报。

第十九条　区块链信息服务提供者违反本规定第五条、第六条、第七条、

第九条、第十一条第二款、第十三条、第十五条、第十七条、第十八条规定的，由国家和省、自治区、直辖市互联网信息办公室依据职责给予警告，责令限期改正，改正前应当暂停相关业务；拒不改正或者情节严重的，并处五千元以上三万元以下罚款；构成犯罪的，依法追究刑事责任。

第二十条　区块链信息服务提供者违反本规定第八条、第十六条规定的，由国家和省、自治区、直辖市互联网信息办公室依据职责，按照《中华人民共和国网络安全法》的规定予以处理。

第二十一条　区块链信息服务提供者违反本规定第十条的规定，制作、复制、发布、传播法律、行政法规禁止的信息内容的，由国家和省、自治区、直辖市互联网信息办公室依据职责给予警告，责令限期改正，改正前应当暂停相关业务；拒不改正或者情节严重的，并处二万元以上三万元以下罚款；构成犯罪的，依法追究刑事责任。

区块链信息服务使用者违反本规定第十条的规定，制作、复制、发布、传播法律、行政法规禁止的信息内容的，由国家和省、自治区、直辖市互联网信息办公室依照有关法律、行政法规的规定予以处理。

第二十二条　区块链信息服务提供者违反本规定第十一条第一款的规定，未按照本规定履行备案手续或者填报虚假备案信息的，由国家和省、自治区、直辖市互联网信息办公室依据职责责令限期改正；拒不改正或者情节严重的，给予警告，并处一万元以上三万元以下罚款。

第二十三条　在本规定公布前从事区块链信息服务的，应当自本规定生效之日起二十个工作日内依照本规定补办有关手续。

第二十四条　本规定自 2019 年 2 月 15 日起施行。

第十七章

《关于防范以"元宇宙"名义
进行非法集资的风险提示》

近期，一些不法分子蹭热点，以"元宇宙投资项目""元宇宙链游"等名目吸收资金，涉嫌非法集资、诈骗等违法犯罪活动，现将有关手法及风险提示如下：

一、编造虚假元宇宙投资项目。有的不法分子翻炒与元宇宙相关的游戏制作、人工智能、虚拟现实等概念，编造包装名目众多的高科技投资项目，公开虚假宣传高额收益，借机吸收公众资金，具有非法集资、诈骗等违法行为特征。

二、打着元宇宙区块链游戏旗号诈骗。有的不法分子捆绑"元宇宙"概念，宣称"边玩游戏边赚钱""投资周期短、收益高"，诱骗参与者通过兑换虚拟币、购买游戏装备等方式投资。此类游戏具有较强迷惑性，存在卷款跑路等风险。

三、恶意炒作元宇宙房地产圈钱。有的不法分子利用元宇宙热点概念渲染虚拟房地产价格上涨预期，人为营造抢购假象，引诱进场囤积买卖，须警惕此类投机炒作风险。

四、变相从事元宇宙虚拟币非法牟利。有的不法分子号称所发虚拟币为未来"元宇宙通行货币"，诱导公众购买投资。此类"虚拟货币"往往是不法分子自发的空气币，主要通过操纵价格、设置提现门槛等幕后手段非法获利。

上述活动打着"元宇宙"旗号，具有较大诱惑力、较强欺骗性，参与者易遭受财产损失。请社会公众增强风险防范意识和识别能力，谨防上当受骗，如发现涉嫌违法犯罪线索，请积极向当地有关部门举报。

处置非法集资部际联席会议办公室

2022 年 2 月 18 日

第十八章

《关于防范 NFT 相关金融风险的倡议》

近年来，我国 NFT（Non-Fungible Token，非同质化通证）市场持续升温。NFT 作为一项区块链技术创新应用，在丰富数字经济模式、促进文创产业发展等方面显现出一定的潜在价值，但同时也存在炒作、洗钱、非法金融活动等风险隐患。为防范金融风险、保护消费者合法权益、维护行业健康生态，中国互联网金融协会、中国银行业协会、中国证券业协会联合呼吁会员单位共同发起以下倡议：

一、坚持守正创新，赋能实体经济

践行科技向善理念，合理选择应用场景，规范应用区块链技术，发挥 NFT 在推动产业数字化、数字产业化方面的正面作用。确保 NFT 产品的价值有充分支撑，引导消费者理性消费，防止价格虚高背离基本的价值规律。保护底层商品的知识产权，支持正版数字文创作品。真实、准确、完整披露 NFT 产品信息，保障消费者的知情权、选择权、公平交易权。

二、坚守行为底线，防范金融风险

坚决遏制 NFT 金融化证券化倾向，从严防范非法金融活动风险，自觉遵守以下行为规范。

一是不在 NFT 底层商品中包含证券、保险、信贷、贵金属等金融资产，变相发行交易金融产品。

二是不通过分割所有权或者批量创设等方式削弱 NFT 非同质化特征，变相开展代币发行融资（ICO）。

三是不为 NFT 交易提供集中交易（集中竞价、电子撮合、匿名交易、做市商等）、持续挂牌交易、标准化合约交易等服务，变相违规设立交易场所。

四是不以比特币、以太币、泰达币等虚拟货币作为 NFT 发行交易的计价和结算工具。

五是对发行、售卖、购买主体进行实名认证，妥善保存客户身份资料和发行交易记录，积极配合反洗钱工作。

六是不直接或间接投资 NFT，不为投资 NFT 提供融资支持。

同时，我们郑重呼吁广大消费者树立正确的消费理念，增强自我保护意识，自觉抵制 NFT 投机炒作行为，警惕和远离 NFT 相关非法金融活动，切实维护自身财产安全。如发现相关违法违规活动，应及时向有关部门举报。

中国互联网金融协会

中国银行业协会

中国证券业协会

2022 年 4 月 13 日

Surfing Web 3.0

with

Metaverse Compliance Guideline

第六篇 | 产业政策篇

第十九章

《工业和信息化部、中央网络安全和信息化委员会办公室〈关于加快推动区块链技术应用和产业发展的指导意见〉》

（工信部联信发〔2021〕62号）

各省、自治区、直辖市及计划单列市、新疆生产建设兵团工业和信息化主管部门、网信办：

区块链是新一代信息技术的重要组成部分，是分布式网络、加密技术、智能合约等多种技术集成的新型数据库软件，通过数据透明、不易篡改、可追溯，有望解决网络空间的信任和安全问题，推动互联网从传递信息向传递价值变革，重构信息产业体系。为贯彻落实习近平总书记在中央政治局第十八次集体学习时的重要讲话精神，发挥区块链在产业变革中的重要作用，促进区块链和经济社会深度融合，加快推动区块链技术应用和产业发展，提出以下意见。

一、总体要求

（一）指导思想

以习近平新时代中国特色社会主义思想为指导，深入贯彻落实党的十九大和十九届二中、三中、四中、五中全会精神，立足新发展阶段、贯彻新发展理念、构建新发展格局，围绕制造强国和网络强国战略部署，以培育具有国际竞争力的产品和企业为目标，以深化实体经济和公共服务领域融合应用为路径，加强技术攻关，夯实产业基础，壮大产业主体，培育良好生态，实现产业基础高级化和产业链现代化。推动区块链和互联网、大数据、人工智能等新一代信息技术融合发展，建设先进的区块链产业体系。

（二）基本原则

应用牵引。发挥市场优势，以应用需求为导向，积极拓展应用场景，推进区块链在重点行业、领域的应用，以规模化的应用带动技术产品迭代升级和产业生态的持续完善。

创新驱动。坚持把区块链作为核心技术自主创新的重要突破口，明确主攻方向，加大投入力度，推动协同攻关，提升创新能力；坚持补短板和锻长板并重，推动产业加速向价值链中高端迈进。

生态培育。充分发挥企业在区块链发展中的主体作用，加快培育具有国际竞争力的产品和企业，构建先进产业链，打造多方共赢的产业体系。

多方协同。推动整合产学研用金各方力量，促进资源要素快捷有效配置。加强政府、企业、高校、研究机构的协同互动，探索合作共赢新模式。

安全有序。坚持发展与安全并重，准确把握区块链技术产业发展规律，加强政策统筹和标准引导，强化安全技术保障能力建设，实现区块链产业科学发展。

（三）发展目标

到 2025 年，区块链产业综合实力达到世界先进水平，产业初具规模。区块链应用渗透到经济社会多个领域，在产品溯源、数据流通、供应链管理等领域培育一批知名产品，形成场景化示范应用。培育 3~5 家具有国际竞争力的骨干企业和一批创新引领型企业，打造 3~5 个区块链产业发展集聚区。区块链标准体系初步建立。形成支撑产业发展的专业人才队伍，区块链产业生态基本完善。区块链有效支撑制造强国、网络强国、数字中国战略，为推进国家治理体系和治理能力现代化发挥重要作用。

到 2030 年，区块链产业综合实力持续提升，产业规模进一步壮大。区块链与互联网、大数据、人工智能等新一代信息技术深度融合，在各领域实现普遍应用，培育形成若干具有国际领先水平的企业和产业集群，产业生态体系趋于完善。区块链成为建设制造强国和网络强国，发展数字经济，实现国家治理体系和治理能力现代化的重要支撑。

二、重点任务

（一）赋能实体经济

1. 深化融合应用。发挥区块链在优化业务流程、降低运营成本、建设可信体系等方面的作用，培育新模式、新业态、新产业，支撑数字化转型和产业高质量发展。

2. 供应链管理。推动企业建设基于区块链的供应链管理平台，融合物流、信息流、资金流，提升供应链效率，降低企业经营风险和成本。通过智能合约等技术构建新型协作生产体系和产能共享平台，提高供应链协同水平。

3. 产品溯源。在食品医药、关键零部件、装备制造等领域，用区块链建立覆盖原料商、生产商、检测机构、用户等各方的产品溯源体系，加快产品数据可视化、流转过程透明化，实现全生命周期的追踪溯源，提升质量管理和服务水平。

4. 数据共享。利用区块链打破数据孤岛，实现数据采集、共享、分析过程的可追溯，推动数据共享和增值应用，促进数字经济模式创新。利用区块链建设涵盖多方的信用数据平台，创新社会诚信体系建设。

（二）提升公共服务

1. 推动应用创新。推动区块链技术应用于数字身份、数据存证、城市治理等公共服务领域，支撑公共服务透明化、平等化、精准化，提升人民群众生活质量。

2. 政务服务。建立基于区块链技术的政务数据共享平台，促进政务数据跨部门、跨区域的共同维护和利用，在教育就业、医疗健康和公益救助等公共服务领域开展应用，促进业务协同办理，深化"一网通办"改革，为人民群众带来更好的政务服务体验。

3. 存证取证。利用区块链建立数字化可信证明，在司法存证、不动产登记、行政执法等领域建立新型存证取证机制。发挥区块链在版权保护领域的优势，完善数字版权的确权、授权和维权管理。

4. 智慧城市。利用区块链促进城市间在信息、资金、人才、征信等方面的互联互通和生产要素的有序流动。深化区块链在信息基础设施建设领域的应用，实现跨部门、跨行业的集约部署和共建共享，支撑智慧城市建设。

（三）夯实产业基础

1. 坚持标准引领。推动区块链标准化组织建设，建立区块链标准体系。加快重点和急需标准制定，鼓励制定团体标准，深入开展标准宣贯推广，推动标准落地实施。积极参加区块链全球标准化活动和国际标准制定。

2. 构建底层平台。在分布式计算与存储、密码算法、共识机制、智能合约等重点领域加强技术攻关，构建区块链底层平台。支持利用传感器、可信网络、软硬件结合等技术加强链上链下数据协同。推动区块链与其他新一代信息技术融合，打造安全可控、跨链兼容的区块链基础设施。

3. 培育质量品牌。鼓励区块链企业加强质量管理，推广先进质量工程技术和方法，提高代码质量和开发效率。发展第三方质量评测服务，构建区块链产品和服务质量保障体系。引导企业主动贯标，开展质量品牌建设活动。

4. 强化网络安全。加强区块链基础设施和服务安全防护能力建设，常态化开展区块链技术对重点领域安全风险的评估分析。引导企业加强行业自律，建立风险防控机制和技术防范措施，落实安全主体责任。

5. 保护知识产权。加强区块链知识产权管理，培育一批高价值专利、商标、软件著作权，形成具有竞争力的知识产权体系。鼓励企业探索通过区块链专利池、知识产权联盟等模式，建立知识产权共同保护机制。

（四）打造现代产业链

1. 研发区块链"名品"。整合产学研用专业力量，开展区块链产品研发，着力提升产品创新水平。面向防伪溯源、数据共享、供应链管理、存证取证等领域，建设一批行业级联盟链，加大应用推广力度，打造一批技术先进、带动效应强的区块链"名品"。

2. 培育区块链"名企"。统筹政策、市场、资本等资源，培育一批具有国际竞争力的区块链"名企"，发挥示范引领作用。完善创新创业环境，培育孵化区块链初创企业；鼓励在细分领域深耕，走专业化发展道路，打造一批独角兽企业。引导大企业开放资源，为中小企业提供基础设施，构建多方协作、互利共赢的产业生态。

3. 创建区块链"名园"。鼓励地方结合资源禀赋，突出区域特色和优势，按照"监管沙盒"理念打造区块链发展先导区。支持基础条件好的园区建设区块链产业"名园"，优化政策、人才、应用等产业要素配置，通过开放应用场景等方式，支持区块链企业集聚发展。

4. 建立开源生态。加快建设区块链开源社区，围绕底层平台、应用开发框架、测试工具等，培育一批高质量开源项目。完善区块链开源推进机制，广泛汇聚开发者和用户资源，大力推广成熟的开源产品和应用解决方案，打造良性互动的开源社区新生态。

5. 完善产业链条。坚持补短板和锻长板并重，开展强链补链，构建现代化的产业链。针对薄弱环节，组织上下游企业协同攻关，夯实产业基础；建立先进的产业链管理体系，增强产业链韧性。

（五）促进融通发展

1. 推进"区块链+工业互联网"。推动区块链与标识解析融合创新，构建基于标识解析的区块链基础设施，提升"平台+区块链"技术融合应用能力，打造基于区块链技术的工业互联网新模式、新业态。

2. 推进"区块链+大数据"。加快建设基于区块链的认证可溯大数据服务平台，促进数据合规有序的确权、共享和流动，充分释放数据资源价值。发展基于区块链的数据管理、分析应用等，提升大数据管理和应用水平。

3. 推进"区块链+云计算"。基于云计算构建区块链应用开发、测试验证和运行维护环境，为区块链应用提供灵活、易用、可扩展的支撑，降低区块链应用开发门槛。

4. 推进"区块链+人工智能"。发展基于区块链的人工智能训练、算法共享等技术和方法，推动分布式人工智能模式发展。探索利用人工智能技术提升区块链运行效率和节点间协作的智能化水平。

三、保障措施

（一）积极推进应用试点

支持具有一定产业基础的地方，面向实体经济和民生服务等重点领域，选择成熟的应用场景，遴选一批推广能力强的单位开展区块链应用试点，形成一批应用效果好的区块链底层平台、产品和服务。

（二）加大政策支持力度

依托国家产业发展工程，支持区块链产业发展。通过组织区块链大赛等方式，丰富行业应用。支持符合条件的区块链企业享受软件税收优惠政策。探索利用首版次保险补偿、政府采购等政策，促进区块链研发成果的规模化应用。

（三）引导地方加快探索

鼓励地方立足实际，研究制定支持区块链产业发展的政策措施，从用地、投融资、人才等方面强化产业发展的要素保障，建立区块链产品库和企业库。支持区块链发展先导区创建"中国软件名园"。

（四）构建公共服务体系

支持专业服务机构发展区块链培训、测试认证、投融资等服务，完善产业公共服务体系。加强创业创新载体建设，加快对各类创新型区块链企业的孵化，支持中小企业成长。

（五）加强产业人才培养

依托"新工科"和特色化示范性软件学院建设，支持高校设置区块链专业课程，开展区块链专业教育。通过建设人才实训基地等方式，加强区块链职业技术教育。培育产业领军型人才和高水平创新团队，形成一批区块链领域的"名人"。

（六）深化国际交流合作

围绕"一带一路"倡议部署，建设区块链国际合作交流平台，在技术标准、开源社区、人才培养等领域加强区块链国际合作。鼓励企业拓展国际交流合作渠道，提升国际化发展水平和层次。

工业和信息化部

中央网络安全和信息化委员会办公室

2021 年 5 月 27 日

第二十章

《北京市经济和信息化局关于印发〈北京市促进数字人产业创新发展行动计划（2022—2025 年）〉的通知》

（京经信发〔2022〕59 号）

各有关单位：

为落实《"十四五"数字经济发展规划》战略部署，抓住以数字人为代表的互联网 3.0 创新应用产业机遇，市经济和信息化局编制了《北京市促进数字人产业创新发展行动计划（2022—2025 年）》，现印发给你们，请遵照执行。

特此通知。

附件：北京市促进数字人产业创新发展行动计划（2022—2025 年）

北京市经济和信息化局

2022 年 8 月 3 日

附件

北京市促进数字人产业创新发展
行动计划（2022—2025年）

为深入贯彻习近平总书记关于数字经济发展的重要指示精神，落实《"十四五"数字经济发展规划》战略部署，抓住以数字人为代表的互联网3.0创新应用产业机遇，充分发挥国际科技创新中心建设优势，构建具有竞争力的技术体系、创新活跃的业态模式和包容审慎的治理机制，打造数字人产业创新高地，助力全球数字经济标杆城市建设，特制定本行动计划。

一、总体要求

（一）指导思想

以习近平新时代中国特色社会主义思想为指导，全面贯彻党的十九大和十九届历次全会精神，紧紧围绕首都城市战略定位，坚持技术与规则并重，统筹发展和安全，全方位推动数字人技术突破、应用示范和产业聚集，形成具有互联网3.0特征的产业发展新范式，着力打造经济增长点，为加快全球数字经济标杆城市建设、促进首都经济高质量发展提供支撑。

（二）基本原则

创新探索，稳健发展。坚持以人民为中心的发展思想，构建以数字内容生产和数字资产流通为主要内容的新型产业体系，提高科技、金融、伦理等领域的风险防控意识，探索包容审慎的治理机制，依法依规加强数字人产业相关权益保护，推进经济社会健康有序发展。

固本强基，自主引领。提升原始创新策源能力，突破关键领域核心技术，夯实产业基础设施，培育战略级、根技术科技力量，全面提升数字人自主可控技术创新能力，保障产业链供应链安全稳定。

政府引导，市场主导。坚持有为政府与有效市场相结合，发挥政府在规划引导、政策支持、公共服务等方面的作用，营造良好产业发展氛围。充分发挥市场在资源配置中的决定性作用，强化企业的创新主体地位。

资源集聚，产业联动。面向实体经济、促进科技、艺术、产业等要素融合创新，建立健全数字人上下游产业链资源配置机制，打造共性技术平台，构建科研要素富集、创新氛围浓厚、产业动力强劲、企业服务贴心的产业聚集区。

（三）发展目标

到 2025 年，我市数字人产业规模突破 500 亿元。培育 1~2 家营收超 50 亿元的头部数字人企业、10 家营收超 10 亿元的重点数字人企业。突破一批关键领域核心技术，建成 10 家校企共建实验室和企业技术创新中心。在云端渲染、交互驱动、智能计算、数据开放、数字资产流通等领域打造 5 家以上共性技术平台。在文旅、金融、政务等领域培育 20 个数字人应用标杆项目。建成 2 家以上特色数字人园区和基地。初步形成具有互联网 3.0 特征的技术体系、商业模式和治理机制，成为全国数字人产业创新高地。

二、主要任务

（一）创新引领，构建数字人全链条技术体系

1. 夯实底层技术支撑能力。支持企业、科研院所、国家重点实验室等创新机构，围绕数字人技术路线及关键节点开展技术攻关，择优推荐申报国家级重大专项。加强底层技术研发攻关，聚焦建模软件、渲染引擎、物理引擎等基础软件，重点突破光线追踪、深度学习超级采样、面部建模、姿态表情模拟、高保真视频流压缩等核心算法，攻关算力芯片、传感器、光学器件、电池等基

础硬件，打通数字人自研技术链条。

2. 优化数字人生产工具。支持数字人新技术新产品小批量验证，对满足新基建新技术新产品推广应用条件的项目给予资金补贴。鼓励研发并推广虚拟现实、增强现实、混合现实终端设备及裸眼 3D、全息成像等数字人显示解决方案。广泛应用语音识别、语音合成、自然语言理解等人工智能技术，研发智慧大脑、情感计算等新算法，提升数字人交互体验。鼓励推出集成自研软硬件技术，具有低代码特征的数字人编辑、运营等平台产品，提高数字人制作效率。搭建数字人安全工具平台，构建一体化数字人软硬件测评测试体系。

3. 加快共性技术平台建设。布局高精度低延迟渲染云计算平台、边缘计算设施，结合 5G 等高性能通信网络，提升数字人计算能力。建设并运营动作捕捉设备、XR 摄影棚等数据采集设施。支持搭建 DEM（数字高程模型）平台，探索开放共享真实街区、楼宇等空间数据，为数字人提供交互展示的空间数据底座。对符合新型基础设施支持政策的项目、产品，可给予一定额度资金支持。

4. 实施数字人标准化战略工程。支持企业和社会组织牵头编制数字人国际、中关村标准。对新立项国际标准提案、新发布中关村标准的企业给予奖励。将数字人相关标准纳入实施首都标准化战略补助资金支持范畴，鼓励创制数字人国际、国家、行业、地方、团体标准。支持推广基于自研数字人标准的行业应用解决方案。

（二）场景驱动，培育标杆应用项目

5. 推广服务型数字人应用。鼓励发展功能型、实用型、服务型数字人应用，对社会资本投资搭建数字人体验场景项目，参照新基建新技术体验验证标准给以支持。推动数字人进入数字消费领域，支持开展数字人电商直播、数字人流媒体制作等业务，搭建全场景 XR 数字化呈现软硬件场地等运营设施。拓展数字人金融领域应用场景，探索远程银行视觉座席、数字人视频面审面签、数字银行智能客服、线下柜台数字银员等创新应用。依托我市名胜古迹、博物馆、大剧院、体育场馆及爱国主义教育基地，支持推广数字人特色应用。鼓励为特色数字人应用提供优惠流量套餐。

6. 加快表演型数字人创新。促进技术人才与艺术人才联合创新，加快数字人 IP 孵化，培育创作者经济。利用数字人讲好北京故事，宣传北京产业政策、历史文化和文旅资源。基于电影、电视、互联网视频网站、短视频等传媒平台，创新数字人展示互动方式，探索数字人综艺节目、演唱会、直播、电影等快速审批流程。打造精品数字人品牌，支持数字人参与广告营销、品牌代言，加强数字人运营管理，树立传播正能量的数字人形象。利用社区、购物中心、城市广场、商业街区的现有公共服务设施，搭建数字人体验的线下场景。

7. 培育数字人数据要素市场。依托国家文化专网，将数字人纳入文化数据服务平台，汇聚文化数据信息，完善文化市场综合执法体制，依法合规开展数据交易业务，强化文化数据要素市场交易监管。基于区块链技术，探索构建数字人模型、皮肤、纹理等数据要素交易平台。基于数据专区和大数据交易所，试点数字人数字资产评估工作。

（三）服务提升，优化数字人产业生态

8. 完善知识产权保护机制。研究跨渠道、跨平台、跨设备的版权溯源机制、维权机制和多元共治的著作权保护体系。加强互联网 3.0 相关产业知识产权优势单位培育，提升企业知识产权保护意识。探索数字人二次创作、周边衍生品权利保护。充分运用作品登记、版权认证等工作机制，为数字人以及与数字人相关的软件、真人形象、真人声音等构成的作品、表演或者录音录像制品提供优良版权服务。做好数字人外观设计专利、商标的保护工作。

9. 打造产业聚集区。围绕数字人技术创新、场景应用，打造数字人产业园区和基地，为入驻园区和基地的企业给予扶持政策。支持数字人孵化服务机构入驻基地，为企业提供创业培训、融资、场景对接、展会、论坛、赛事、知

识产权、法律等服务。发挥通州区产业空间优势构建数字人基础设施集群；利用大兴区新媒体基地等资源打造数字人消费精品应用；围绕石景山区首钢园构建展览体验场景；促进朝阳区数字人艺术创作与产业孵化资源聚集，打造北京市数字人基地；结合丰台现代金融商务新业态培育数字人创作者经济。

10. 建设创新企业梯队。加快推动数字人"专精特新"企业梯队培育，支持数字人企业参与北京市产业创新中心、企业技术中心等创新平台建设。按照数字人产业链，梳理"专精特新"企业，支持"小巨人"企业围绕产业链布局，吸引上下游企业在京落地。

11. 优化人才服务。创新校企合作模式，在数字人细分领域，鼓励企业、高校、科研院所等联合开展产教融合试点建设，培养产业急需的复合型、应用型人才。完善领军人才落户、子女入学、技术入股等方面的配套措施。

12. 畅通投融资渠道。鼓励利用高精尖基金和科创基金等政府引导基金，支持企业围绕供应链上下游开展股权投资，加强资源整合。用好北京股权交易中心"专精特新板"，为企业提供挂牌展示、托管交易、投融资、培训辅导等服务。做好企业上市服务。

三、保障措施

13. 强化协同组织。围绕数字人核心技术突破，建设政产学研用协同的新型创新联合体。支持企业、新型研发机构、科研院所在新型创新联合体统一的知识产权管理框架下，提供代码分享、技术支持、产品推广等服务。以开放场景项目，聚集一批数字人创新技术。

14. 打造国际化交流平台。依托全球数字经济大会、中国国际服务贸易交易会、中关村论坛等国际交流合作平台，举办具有行业影响力的数字人论坛。支持行业协会、产业联盟与企业共同推广中国技术和标准。鼓励具有竞争优势的数字人企业探索数字人技术出海模式，提升国际软实力。

15. 探索多层次风险防控机制。督促数字人企业做好数据安全和个人信息保护，加强信息内容安全管理，落实信息内容服务主体责任。推动数字人相关要素市场体系建设和发展，防范和打击利用数字人开展的金融欺诈、非法集资等各类违法违规行为。探索数字人人文伦理仲裁机制，倡导行业协会参与数字人行业规范。加强对数字人金融、科技、社会伦理风险研究，探索形成法律、市场、代码架构和社会规范相结合的多元规制路径。

第二十一章

《北京市通州区人民政府办公室印发〈关于加快北京城市副中心元宇宙创新引领发展若干措施〉的通知》

（通政办发〔2022〕4号）

各街道办事处，各乡、镇人民政府，区政府各委、办、局，各区属机构：

经区政府同意，现将《关于加快北京城市副中心元宇宙创新引领发展的若干措施》印发给你们，请认真遵照执行。

北京市通州区人民政府办公室

2022年2月23日

（此件公开发布）

附件

<h1 style="text-align:center">关于加快北京城市副中心元宇宙
创新引领发展的若干措施</h1>

为贯彻落实北京市关于元宇宙产业发展的决策部署，充分发挥政府产业组织作用、资本市场化产业遴选作用和产业联盟、行业协会的政企桥梁纽带作用，加快推动元宇宙相关技术、管理、商业模式等在城市副中心创新应用，培育新业态和新模式，推动信息技术和各类业态紧密融合，促进数字经济蓬勃发展，支撑北京数字经济标杆城市建设，特制定以下措施。

第一条 大力推进示范应用。加快元宇宙相关技术与各行业深度融合，促进产业转型升级，重点围绕文化、旅游、商业等领域，打造一批元宇宙示范应用项目，支持一批元宇宙应用场景建设。为北京城市副中心元宇宙相关企业提供北京环球度假区、张家湾古镇、大运河文化带、台湖演艺小镇等场景资源支持。

第二条 全面优化产业布局。提升元宇宙产业空间承载能力，打造"1+N"的产业创新集聚区。在张家湾设计小镇创新中心，集聚高端创新要素，打造元宇宙应用创新中心；在文化旅游区、台湖演艺小镇、张家湾古镇、宋庄艺术区、运河商务区等区域，打造与应用场景高度融合、形成元宇宙示范的主题园区。支持企业面向京津冀特别是雄安地区、面向全国、面向全球延展研发链和产业链，不断扩大行业影响力。

第三条 鼓励发展早期和长期投资。依托通州产业引导基金，采用"母基金+直投"的方式联合其他社会资本，打造一只覆盖元宇宙产业的基金，支持元宇宙初创项目和重大项目并延长支持周期，进一步完善服务体系，支撑产业生态建设。支持设立专注于早期和长期投资的元宇宙子基金。

第四条 加强知识产权保护和标准创制。支持专业机构、行业组织、龙头企业建立元宇宙知识产权资源库，提供高质量、专业化的知识产权服务。鼓励各创新主体围绕人工智能重点领域开展海外知识产权布局。支持企业、协会、联盟参与国内外元宇宙标准创制，对获得批准发布的国际标准、国家标准和行业标准的制订单位给予奖励。

第五条　给予元宇宙企业房租财政补贴。支持元宇宙企业及服务机构集聚，根据元宇宙企业房租补贴标准，对在元宇宙应用创新中心新注册并租赁自用办公场地的重点企业进行（50%、70%、100%）三档补贴，每家企业每年补贴面积不超过 2000 平方米，连续补贴不超过 3 年。

第六条　发挥多方产业组织力量。支持元宇宙相关领域的产业联盟、协会等行业组织，增强产业组织能力，开展产业研究，搭建产业公共服务平台，组织联盟成员开展产学研合作及行业交流，对成效显著的联盟、协会给予资金奖励。

第七条　支持人才及团队引进。对于拥有国际领先的核心技术或自主知识产权的元宇宙相关人才团队，对其成果转化项目优先给予政府股权投资支持；对于入驻元宇宙应用创新中心的企业人才，可给予人才公租房支持。根据元宇宙入驻企业需求，在人才引进、子女入学等方面给予支持。

第八条　加强国际交流合作。依托中关村论坛等顶级品牌，推出在元宇宙领域具有广泛影响力的论坛、峰会等学术交流和产业合作活动。支持举办不同主题的元宇宙挑战赛等活动，大力选拔各类优秀人才。根据活动成效，可给予资金支持。

第二十二章

《关于印发〈徐汇区关于支持元宇宙发展的若干意见〉的通知》

（徐科委规〔2022〕3 号）

区各有关委、办、局，各街道、华泾镇，有关单位：

《徐汇区关于支持元宇宙发展的若干意见》经 2022 年区第十七届政府第 11 次常务会议和十一届区委 37 次常委会通过，现印发给你们，请认真按照执行。

徐汇区科学技术委员会

徐汇区发展和改革委员会

徐汇区文化和旅游局

徐汇区市场监督管理局

2022 年 10 月 12 日

附件

徐汇区关于支持元宇宙发展的若干意见

为加快培育壮大发展新动能，着力强化"新赛道"布局，支持元宇宙与人工智能、文化创意等本区优势特色产业融合发展，助力徐汇打造技术引领、企业集聚、人才涌流、场景丰富、标准领先、服务优质的元宇宙产业生态，特制定本意见。

一、扶持对象

本意见适用于工商注册在徐汇区，信用记录良好的元宇宙相关领域企业及机构。

二、扶持范围

聚焦虚拟现实、增强现实、数字孪生、人工智能、区块链、物联网等元宇宙底层支撑技术，助力企业等创新主体开展研发攻关，推动企业加快建设5G/6G、GPU、交互、云化、物联网等元宇宙后端基础设施，鼓励企业研发生产虚拟主机、VR（虚拟现实）、AR（增强现实）、MR（混合现实）、脑机交互等元宇宙终端设备，支持企业在社交消费、教育医疗、文体娱乐、政务管理等领域开展符合法律规定的元宇宙场景内容搭建和生产。

三、扶持方式

1. 对开展元宇宙关键技术研发的企业，在年度研发设备、工具软件、算力资源等方面予以支持，经认定，按最高不超过上一年度上述投入费用的30%给予补助，补助总额最高不超过 500 万元。

2. 对组织开展移动智能、增强现实、虚拟现实、智能可穿戴等元宇宙终端产品研发生产的企业，产品取得一定市场份额，经认定，可按产品研发自筹投入资金总额不高于30%的比例给予扶持，最高补助金额不超过 300 万元。

3. 对元宇宙内容设计、创制、生产项目以及数字藏品、数字艺术品等相关产品，根据项目经济效益、创新性、影响力和产业带动力，经认定，可按开发投入自筹资金总额不高于30%的比例给予扶持，最高补助金额不超过 200 万元。

4. 对获得国家、上海市认定的元宇宙相关技术领域的重点实验室、创新中心、研发中心、新型研发机构、产业公共服务平台等，经认定，可给予最高不超过 200 万元的补贴。

5. 对推动标准国际交流与合作，主导或参与制定元宇宙细分领域的国际、国家、行业标准的企业，经认定，分别给予最高不超过 20 万元、10 万元、5 万元一次性资助激励；对通过自主研发通过 PCT 途径且经过有关专利审查机构实审获得国外授权的发明专利，经认定，给予每件最高不超过 5 万元一次性补贴。

6. 对新注册或新迁入的元宇宙企业，符合本区元宇宙产业发展导向、具有一定技术实力和创新能力的企业，经认定，可给予最高不超过 500 万元的开办费补贴。对符合本区元宇宙产业发展导向、推动科技和文化融合发展的企业，支持申报现代服务业项目、高新技术企业认定等国家、上海相关政策。

7. 加大元宇宙产业园区集聚发展，支持漕河泾开发区、徐汇滨江、华泾等区域开发建设主体通过提高土地效能、开展城市更新，建设元宇宙产业集聚发展园区，支持元宇宙优质企业开展定制载体建设，打造徐汇元宇宙产业地标。

8. 对在徐汇区引进举办具有重大影响力的元宇宙峰会、论坛、展会、创新创业大赛、开发者大会等的企业，经认定，可按照不高于实际投入30%的比例，给予最高100万元的资金支持。

9. 支持元宇宙企业上市，对成功在深交所、上交所、北交所和境外主板上市的元宇宙相关企业，经认定，给予配套补贴，最高不超过600万元。支持在徐汇注册落地的元宇宙领域产业基金、股权投资机构，经认定，可给予一定补贴。

10. 对企业等相关机构引进的元宇宙领域的国内外优秀人才，优先推荐申报区级领军人才、拔尖人才、青年英才，并在人才落户、阶段性住房、医疗等公共服务方面，建立绿色通道服务机制。

四、保障机制

1. 区科委、区文化旅游局、区市场监管局根据本意见制定实施流程和细则，落实项目审核、跟踪、评估等工作。

2. 区科委、区文化旅游局、区市场监管局负责受理扶持项目申请、进行形式审查，在区科委、区文化旅游局、区市场监管局完成项目审核后负责向申报单位答复，并配合区科委、区文化旅游局、区市场监管局做好项目管理服务工作。

3. 区财政局负责专项资金的预算管理和资金拨付，并对专项资金的使用情况进行监督检查。

五、附则

1. 在享受本意见政策期间，如同时可享受本区其他同类政策的，按照"从高不重复"原则执行。在实施过程中如遇国家、上海市颁布新政策，按新政策执行。

2. 对弄虚作假骗取扶持资金、擅自改变资金用途等行为，将追究扶持对象的责任，并收回已拨付的扶持资金，并根据市有关规定纳入公共信用信息数据平台。对违反相关法律法规的扶持对象，经查实，根据情节轻重，在一定时期内取消相关对象申报扶持资金的资格。

3. 本意见自 2022 年 11 月 12 日起施行，有效期至 2025 年 12 月 31 日止。在此期间新注册登记的各类创新主体按照本意见执行。在本意见施行前享受原政策的各类创新主体，按本区原政策执行至政策期满。

上海市徐汇区科学技术委员会办公室

2022 年 10 月 12 日印发

第二十三章

《关于印发〈厦门市元宇宙产业发展三年行动计划（2022—2024年）〉的通知》

各区人民政府，市直各委、办、局，各开发区管委会：

为抢抓元宇宙产业发展机遇，进一步推动我市软件和信息技术服务业提质增效，结合我市实际情况，我局制定了《厦门市元宇宙产业发展三年行动计划（2022—2024年）》，现印发给你们，请认真贯彻落实。

厦门市工业和信息化局

厦门市大数据管理局

2022年3月18日

（此件主动公开）

附件

厦门市元宇宙产业发展三年行动计划（2022—2024 年）

当前，元宇宙产业培育在全球范围内呈现良好的发展势头，在新的技术革新和产业变革中起着重要作用。为贯彻党中央、国务院关于发展数字经济的决策部署，立足新发展阶段，贯彻新发展理念，融入和服务新发展格局，推动我市元宇宙产业的应用创新和产业发展，制定本行动计划。

一、总体要求

（一）发展思路

立足厦门实际，抢抓数字经济和元宇宙发展新机遇，打造"元宇宙生态样板城市"和数字化发展新体系，打造一个高端研究平台、开发一批特色应用场景、培育一批优质企业、培养一批创新人才、组建一个产业联盟、制定一批行业标准。

（二）总体目标

力争到 2024 年，元宇宙产业生态初具雏形，引入培育一批掌握关键技术、营收上亿元的元宇宙企业，元宇宙技术研发和应用推广取得明显进展，对政府治理、民生服务、产业转型升级的带动作用进一步增强。

二、重点任务

（一）基础研究攻关行动

1. 实施重点领域研发。围绕元宇宙重点领域关键技术实施重大科技专项。

强化部、省、市联动，积极争取国家、省重大科技专项在我市布局并实现成果落地转化。鼓励企业、高校及科研院所采用"赛马机制"和"揭榜挂帅"方式，对 NFT、VR/AR、脑机接口、智能芯片、智能算法等元宇宙关键技术进行协同攻关，支持元宇宙领域的前沿技术突破。（责任单位：市科技局、市工信局、市发改委）

2. 推进创新平台建设。强化创新链与产业链协同攻关，支持厦门大学、华侨大学、集美大学、厦门理工学院等在厦高校及科研院所等研究性机构，实施产学研合作，建设元宇宙领域重点实验室、工程研究中心、企业技术中心、新型研发机构等创新载体。鼓励有条件的高校院所和企业成立元宇宙技术专家研究院和院士工作站，打造一个元宇宙技术高端协作研究平台。（责任单位：市科技局、市教育局、市工信局、市发改委）

（二）应用场景构建行动

3. 地标性场景建设。依托鼓浪屿、沙坡尾、筼筜湖等厦门地标，及金鸡百花奖、马拉松等城市名片，支持科研院所和企业打造具有我市特色元素的元宇宙应用场景，打造一批会展、旅游、体育、商业领域的特色场景示范案例。（责任单位：市工信局、市科技局、市文旅局、市发改委、市体育局）

4. 通用性平台建设。积极推动科研院所和企业联合打造元宇宙应用平台，推动三维数字空间、虚拟数字人和 NFT 数字资产在城市管理、民生服务等领域的开发应用，遴选一批优秀元宇宙应用方案，形成可复制推广的示范案例。（责任单位：市工信局、各相关市直部门、各区政府）

（三）企业引培发展行动

5. 培育创新市场主体。跟踪服务一批元宇宙相关产品和技术研发高精尖企业，组建元宇宙产业联盟，支持企业联合开展元宇宙技术应用研究，推动成果落地转化，培育一批小巨人企业、专精特新企业。依托厦门市中小企业公共服务平台、厦门科技创新创业综合服务平台等载体，为元宇宙生态中小微企业和创业者提供科技、金融、法律、知识产权等全方位支撑服务，支持更多中小微企业规模壮大、创新升级。（责任单位：市工信局、市科技局、市发改委、火炬管委会）

6. 引进行业领军企业。加大对国内外元宇宙领军企业的招引力度，谋划一批重大产业招商项目。围绕硬件、平台、智能芯片、NFT、VR/AR 等重点领域加大招商引资力度，支持有影响力的元宇宙企业或机构来厦设立总部、研发中心、创新平台、孵化基地等。推动举办"元宇宙数字文明与生态大会""元宇宙创业项目大赛""金海豚-厦门国际动漫节"等一批特色活动，鼓励国内外元宇宙领军企业在我市组织开展创新大赛、技术峰会等有影响力的活动，促进项目、人才、技术和资本有效对接和转移转化。（责任单位：市工信局、市科技局、市发改委、火炬管委会、市招商办）

7. 提升企业核心竞争力。引导企业探索元宇宙新技术、新应用和新业态，优先为厦门市元宇宙企业开放应用场景。支持企业和机构积极参与元宇宙领域的国际、国家、行业和地方标准制定。加速建立元宇宙相关标准、测评、知识产权等服务体系，加强知识产权运用和保护，加大对元宇宙技术和应用的知识产权保护力度。（责任单位：市工信局、市市场监督管理局）

（四）产业生态构建行动

8. 打造人才高地。依托我市高层次人才、领军人才等人才政策措施，引进一批国内外元宇宙领域高精尖人才和技能型人才，支持元宇宙领域高层次人才创新创业。鼓励厦门大学、集美大学、华侨大学、厦门理工学院等在厦高校优化人工智能、动漫、数字经济等专业的招生计划和培养方案，开设元宇宙相关课程或专业，加快元宇宙教学体系建设和师资队伍培养，培养一批优秀创新人才。鼓励高校和骨干企业、培训机构等联合创办产教融合基地。（责任单位：市工信局、市委组织部、市人社局、市教育局、市发改委、市科技局）

9. 完善投融资服务体系。支持在元宇宙领域具有投资经验的优秀股权投资机构在我市设立元宇宙产业投资基金，并积极申请我市产业投资基金参与出资。推动金融机构对技术先进、带动性强、产业化前景良好的重大元宇宙项目给予信贷支持。支持元宇宙企业通过融资租赁、知识产权质押贷款、股权质押贷款等多种方式融资，推动元宇宙企业利用多层次资本市场发展壮大。（责任单位：市财政局、市金融监管局、市工信局、市市场监督管理局）

10. 提升行业配套服务水平。发挥我市软件协会、信息协会、动漫协会等行业组织、产业联盟作用，有效对接政府部门、服务企业发展、促进行业自律。推动产业内部的技术合作和联合公关，促进产业资源对接共享，提升行业配套服务水平。（责任单位：市工信局、市工商联、市民政局）

（五）监管治理提升行动

11. 加强元宇宙应用规范和引导。根据《网络安全法》《数据安全法》《个人信息保护法》和《区块链信息服务管理规定》等相关条例，引导和推动元宇宙产品开发者和平台运营者加强行业自律、落实主体责任。落实依法治网，打击利用元宇宙进行非法交易、洗钱、传销、诈骗等违法行为，加强对元宇宙信息传播的监管，加强数据保护，确保数据安全，制定一批行业标准，推动元宇宙产业安全有序发展。（责任单位：市委网信办、市公安局、市金融监管局、市市场监督管理局、市工信局）

12. 提升元宇宙数据治理能力。针对元宇宙发展遇到的价值伦理、虚拟空间管控等新问题，及时研究规范、精准合法治理。探索建立有效的元宇宙平台治理体系。加强数据安全管理和隐私保护，破解数据资产确权难题，保障数据资产价值，促进数据流通共享和价值传输，发挥数据治理效用。落地"数字拍卖"NFT运营平台，筹建"NFT数字藏品产业基地"，布局一批特色行业应用。（责任单位：市工信局、各相关市直部门、各区政府）

三、保障措施

（一）加强组织保障

市工信局牵头协调各区、各部门统筹推进元宇宙产业发展工作，协调解决产业发展重大问题、产业发展政策研究、推进重大项目建设等。（责任单位：市工信局、各市直部门、各区政府）

（二）加大政策支持

统筹用好软件信息和新兴数字产业支持政策，面向本土企业，突出重点亮点，扶持一批 VR/AR、人工智能、区块链等领域标杆企业，形成一批特色产品和示范平台。开放"金鸡百花奖"等场景，统筹推进城市名片数字化建设。着眼 NFT 规范管理，研究制定 NFT 交易管理办法。围绕动漫游戏人才招引痛点，修订人才认定管理办法。（责任单位：市工信局、市委组织部、市发改委、市科技局、市金融监管局、市财政局、市市场监督管理局、各区政府）

（三）强化宣传推广

利用报纸、广播、电视、行业论坛、动漫节、新媒体等开展元宇宙知识宣传普及，推介元宇宙技术应用典型案例，营造有利于元宇宙发展的良好舆论氛围。鼓励企业、行业组织等开展元宇宙领域的"节、展、会、赛"等行业交流活动，形成有影响力的元宇宙"品牌活动"。支持产业园区及企业基于 VR 建设展示中心和线上虚拟展厅，开展形式多样的体验活动。（责任单位：市工信局、各区政府、火炬管委会）

（四）健全治理体系

加强对元宇宙隐私、金融等领域安全风险的研究和分析，探索建立适应元宇宙发展的安全保障体系。支持开展元宇宙领域的法律法规、伦理道德、监管政策的研究。建立容错机制和包容审慎监管机制，营造宽松开放的市场准入环境和监管环境。（责任单位：市场监督管理局、市工信局）

厦门市工业和信息化局办公室

2022 年 3 月 21 日印发

第二十四章

《关于印发〈广州市黄埔区　广州开发区促进元宇宙创新发展办法〉的通知》

（穗埔工信〔2022〕4号）

区各有关单位：

《广州市黄埔区　广州开发区促进元宇宙创新发展办法》业经黄埔区政府、广州开发区管委会同意，现印发实施。执行过程中如遇问题，请径向相关主管部门反映。

特此通知。

广州市黄埔区工业和信息化局

广州开发区经济和信息化局

广州市黄埔区科学技术局

广州开发区科技创新局

2022年4月6日

附件

广州市黄埔区　广州开发区促进元宇宙创新发展办法

第一条　为大力促进数字孪生、人机交互、脑机接口、增强现实/虚拟现实/混合现实（AR/VR/MR）等元宇宙技术变革与应用创新，贯彻落实《"十四五"数字经济发展规划》《广东省国民经济和社会发展第十四个五年规划和2035年远景目标纲要》《广州市工业和信息化发展"十四五"规划》等文件精神，推动元宇宙相关技术、管理、商业模式的产业化与规模化应用，培育工业元宇宙、数字虚拟人、数字艺术品交易等新业态和新模式，引领新一轮科技革命和产业变革，结合我区实际，特制定本办法。

第二条　本办法适用于注册登记地、税务征管关系及统计关系在广州市黄埔区、广州开发区及其受托管理和下辖园区（以下简称"本区"）范围内，有健全的财务制度、具有独立法人资格、实行独立核算、开展数字孪生、人机交互、脑机接口、增强现实/虚拟现实/混合现实等元宇宙领域具有突破性与颠覆性数字技术研发并提供相关服务的企业。

第三条　【推动创新集聚】培育并引进一批拥有数字孪生、脑机接口、增强现实/虚拟现实/混合现实等元宇宙关键技术，可面向产业发展、社会治理、民生服务等各方面提供元宇宙相关技术服务的软硬件或平台型领军企业。元宇宙相关专精特新企业入驻本区认定的"专精特新"产业园，租用办公用房、生产用房且自用的，按照区专精特新政策，按实际租金的50%给予补贴，每家企业最高补贴100万元；对购置办公用房且自用的，按购房价格的10%给予一次性补贴，最高补贴500万元。（责任单位：区工业和信息化局）

鼓励园区内元宇宙相关企业向"专精特新"、"高精尖"方向发展。按照区专精特新政策，对获得国家工业和信息化部、广东省工业和信息化厅、广州市工业和信息化局认定的"专精特新"企业分别给予200万元、50万元、10

万元一次性扶持。(责任单位:区工业和信息化局)

第四条 【支持技术引领】鼓励企业及机构加强元宇宙相关技术的研发及标准制定。对元宇宙重点科技攻关项目实行"揭榜挂帅",支持区内企业与国内外科研机构联合攻关解决元宇宙领域"卡脖子"技术问题。按照区人才自由港政策,对成功攻克的项目按该项目总投入的 30% 给予补助,最高不超过 1000 万元,每年支持不超过 10 个项目。按照区高新技术产业政策,对已建立内部研发机构且当年研发费用 500 万元以上的元宇宙领域规模以上企业,按其研发费用增长额的 10% 给予补助,最高 100 万元。(责任单位:区科技局)

支持企业或机构参与国内外数字孪生、人机交互、脑机接口等元宇宙相关标准研制,对主导国际标准、国家标准、行业标准、地方标准和团体标准制修订的企业或机构,按照区质量强区政策给予扶持,单个标准最高资助 100 万元。(责任单位:区市场监管局)

第五条 【鼓励应用示范】鼓励企业推动元宇宙技术与实体经济和社会民生的深度融合,探索工业元宇宙、数字岭南风情、数字创意、数字文旅、数字艺术品交易、人才交流等具有黄埔特色的元宇宙标志性场景。按照区信创政策,择优遴选应用示范项目按其实际投资额的 30% 给予一次性补贴,最高 500 万元。(责任单位:区工业和信息化局)

鼓励企业围绕黄埔产业基础部署元宇宙创新链,围绕元宇宙创新链布局数字经济产业链,带动产业价值链向中高端攀升。重点聚焦人机交互、数字孪生、脑机接口、数字虚拟零部件等元宇宙核心技术的融合应用与集成创新,打造面向三维数字空间、数字虚拟人、数字孪生工厂等元宇宙关键共性技术与通用能力的价值创新与公共服务平台。按照区"新基建"政策,择优遴选公共技术服务平台,按其平台建设投入费用的 30% 给予一次性补贴,最高 500 万元。(责任单位:区工业和信息化局)

与国家及省、市联动支持具有发展前景、导向意义和创新性的数字孪生、人机交互、脑机接口、增强现实/虚拟现实/混合现实等元宇宙相关项目。按照区先进制造业、现代服务业、高新技术产业政策，对获得国家、省、市扶持的，分别按扶持金额的 100%、70%、50% 给予资金配套，最高分别为 500 万元、300 万元、100 万元。（责任单位：区发展改革局、区科技局、区工业和信息化局、区商务局）

第六条　【加强知识产权保护】支持建设区域型以数字孪生、人机交互、脑机接口等为核心的元宇宙知识产权公共服务平台，面向全区创新主体和社会公众开展知识产权信息检索、品牌指导、咨询、培训、预警监测、运营等公共服务。按照区知识产权专项资金政策，对于新建的区域知识产权公共服务平台，经区知识产权主管部门认定，按建设费用的 50% 给予最高 100 万元支持。区知识产权主管部门每年对公共服务平台工作进行考核，通过年度考核的，每个公共服务平台支持 50 万元。（责任单位：区知识产权局）

鼓励企业加强知识产权保护，营造元宇宙产业发展良好生态。按照区知识产权专项资金政策，支持元宇宙领域小微企业委托知识产权服务机构开展知识产权托管，按实际发生托管费用的 50% 给予扶持，单个企业每年最高扶持 1 万元、最多扶持 3 年。（责任单位：区知识产权局）

第七条　【加大人才引流】实施院士引领、领军带动、骨干支撑工程，加强与大院大所合作，集聚一批元宇宙相关的高端人才项目，推动技术突破，抢占数字经济发展制高点。按照区领军人才政策，对元宇宙领域的创新创业领军人才项目，给予不超过 2000 万元创业资助与直接股权投资扶持。（责任单位：区科技局）

着力引进国际国内顶尖数字孪生、人机交互、脑机接口、AR/VR/MR 等元宇宙相关人才及团队，构建多层次人才梯队，形成元宇宙人才雁阵格局。按照区黄埔人才政策，对符合条件的杰出人才、优秀人才、精英人才，按在本区实际购房金额的 80% 分别给予最高 500 万元、300 万元、200 万元购房补贴；对杰出人才、优秀人才、精英人才，按在本区法人单位年度所得个人收入应纳税所得额的 10% 给予每年最高 500 万元收入奖励。（责任单位：区委组织部、

区工业和信息化局）

第八条 【深化交流合作】鼓励主办数字孪生、人机交互、脑机接口、AR/VR/MR 等元宇宙相关的重大交流活动。按照区 IAB 政策，对主办高水平、高层次的产业峰会、重大论坛、创新大赛、学术交流等活动，经认定，按实际举办费用的 30% 给予补贴，最高给予 100 万元补贴。（责任单位：区工业和信息化局）

第九条 【创新基金支持】鼓励设立元宇宙产业基金，吸引社会资本集聚形成资本供给效应，为数字孪生、人机交互、脑机接口等元宇宙相关企业提供天使投资、股权投资、投后增值等多层次服务，打造元宇宙应用创新与产业发展集聚区。（责任单位：区金融局）

第十条 对带动性强、地方经济发展贡献大的重点项目，经区政府、管委会同意，另行予以重点扶持。

"区专精特新政策"指《广州市黄埔区 广州开发区进一步支持专精特新企业高质量发展办法》（穗埔工信规字〔2021〕5 号）；"区人才自由港政策"指《中新广州知识城国际人才自由港集聚人才若干措施（试行）》（穗埔组通〔2021〕26 号）；"区高新技术产业政策"指《广州市黄埔区、广州开发区、广州高新区进一步促进高新技术产业发展办法》（穗埔府规〔2020〕4 号）；"区质量强区政策"指《广州市黄埔区 广州开发区质量强区专项资金管理办法》（穗埔府规〔2019〕17 号）；"区信创政策"指《广州市黄埔区、广州开发区促进信息技术应用创新产业发展办法》（穗埔府规〔2020〕17 号）；"区"新基建"政策"指《广州市黄埔区、广州开发区、广州高新区加快"新基建"助力数字经济发展十条》（穗埔府规〔2020〕10 号）；"区先进制造业政策"指《广州市黄埔区、广州开发区、广州高新区进一步促进先进制造业发展办法》（穗埔府规〔2020〕1 号）；"区现代服务业政策"指《广州市黄埔区、广州开发区、广州高新区进一步促进现代服务业发展办法》（穗埔府规〔2020〕2 号）；"区知识产权专项资金政策"指《广州市黄埔区、广州开发区、广州高新区知识产权专项资金扶持和管理办法》（穗埔府规〔2021〕14号）；"区领军人才政策"指《广州市黄埔区　广州开发区　广州高新区创新创业领军人才聚集工程实施办法》（穗埔科规字〔2021〕4号）；"区黄埔人才政策"指《广州市黄埔区　广州开发区　广州高新区聚集"黄埔人才"实施办法》（穗埔组通〔2020〕17号）；"区IAB政策"指《加快IAB产业发展的实施意见》（穗开管办〔2017〕77号）。

符合本办法规定的同一项目、同一事项同时符合本区其他扶持政策规定（含上级部门要求区里配套或负担资金的政策规定）的，按照从高不重复的原则予以支持，另有规定的除外。获得奖励的涉税支出由企业或个人承担。本办法所引用的本区行政规范性文件，如因修改或重新制定被替代的，应当适用修改或者重新制定后的文件。

第二十五章

《上海市数字经济发展"十四五"规划》(节选)

(沪府办发〔2022〕11号)

......

二、重点任务

......

(三)提升数字新基建

......

4. 区块链。创建区块链与前沿技术多学科交叉的组合型科学技术创新体系,推动"区块链+"技术研发和应用落地,构建具有较强创新能力和自主可控的区块链发展生态。推动数字可信交易,支持推进基于区块链、电子身份确权认证等技术的可信交易。推动大数据可信交易,运用共识算法实现信任和交易确权,重点发展智能合约管理与运营平台。发展区块链商业模式,着力发展区块链开源平台、NFT等商业模式,加速探索虚拟数字资产、艺术品、知识产权、游戏等领域的数字化转型与数字科技应用。支持组建跨机构和行业的区块链联盟,研究制定重点领域区块链行业标准和协议框架。

5. 元宇宙。加快研究部署未来虚拟世界与现实社会相交互的平台,加强从底层到应用全链条布局。发展人机交互技术,加快智能人机交互、虚拟数字人等核心技术攻关,开展XR(扩展现实)、脑机接口等更具沉浸式体验的终端技术研制,鼓励打造更加丰富多元内容场景新平台,培育虚拟演唱会、虚拟偶像、虚拟体育等数字娱乐消费新业态。加快虚拟现实生态布局，突破低时延快速渲染、虚拟仿真引擎等关键技术，发展软硬一体新型 VR（虚拟现实）/AR（增强现实）、3D 扫描等产品。打造行业标杆应用，在网络文娱、智能制造、数字内容、交通出行、在线教育、医疗健康等领域，打造具有影响力的元宇宙标杆示范应用。

　　……

第二十六章

《山东省推动虚拟现实产业高质量发展三年行动计划（2022—2024年）》（节选）

……

四、重点任务

……

（三）开展行业应用示范，赋能前沿新兴领域

……

3. 赋能前沿新兴领域。紧跟元宇宙浪潮，加强元宇宙基础能力建设，在终端设备、内容制作、通用平台、应用生态等多领域进行布局，探索大数据、人工智能、区块链、云计算等底层技术革新。聚焦虚拟/增强现实及可穿戴智能设备等元宇宙入口，打造相关产业全链路技术输出和多领域技术协同，加速赋能前沿新兴领域，构建元宇宙时代下的山东省数字经济新业态。

……

第二十七章

《江西省"十四五"数字经济发展规划》(节选)

(赣府发〔2022〕11 号)

......

二、总体要求

......

(三)发展目标。到 2025 年，全省数字经济增加值增速持续快于全省经济增速、快于全国平均增速，努力实现规模倍增、占全省 GDP 比重达到 45% 左右，数字化创新引领发展能力显著提升，数字技术与经济社会各领域融合的广度、深度显著增强，数字化公共服务能力、数字化治理水平显著提升，南昌"元宇宙"等聚集区蓬勃发展，力争数字经济整体发展水平进入全国先进行列。

......

三、深耕产业赛道，提升数字产业发展位势能级

......

(三)前瞻布局新兴赛道。紧跟新一代信息技术发展步伐，积极布局 VR、"元宇宙"及数字孪生、信息安全和数据服务、物联网、智能网联汽车、无人机等新兴领域，前瞻布局量子信息、卫星互联网、区块链、人工智能等前沿领

域，力争实现"弯道超车""换车超车"，为全省数字经济发展注入新动力。

……

五、优化区域布局，打造数字经济增长极

（一）建设创新引领区。发挥南昌省会城市优势，强化创新源、动力源和辐射源作用，建设江西省数字经济创新引领区。依托南昌 VR、电子信息等产业基础和优势，在九龙湖区域建设"元宇宙"试验区，打造数字经济创新引领区的核心引擎，构建以九龙湖区域为核心，以南昌高新技术产业开发区、南昌经济技术开发区、南昌小蓝经济技术开发区为支撑的"一核三基地"数字经济发展格局。

……

（三）提升数字素养。大力实施全民数字素养与技能提升计划，拓展数字应用场景，丰富数字资源供给，完善数字环境保障，提升全民数字化水平。按照"干什么精什么、缺什么补什么"的原则，充分发挥各类培训平台作用，采取集中培训、专题培训、分级培训和网络培训相结合的方式，加强对各级政府公务人员数字经济知识培训，提高领导干部驾驭数字经济工作能力和水平。组织企业开展实体经济与数字经济深度融合相关培训，引导和激发企业家数字化转型的自主意愿。充分运用各类新闻媒体，加大"元宇宙"等数字经济领域新技术、新业态、新模式宣传力度，及时总结推广先进经验和典型案例，举办数字经济项目推介会、先进经验交流会、创新创业大赛等活动，营造有利于数字经济发展的良好氛围。

……

第二十八章

《黑龙江省"十四五"数字经济发展规划》(节选)

(黑政发〔2022〕9号)

……

三、厚植科技优势,打造数字经济发展新引擎

(一)加快前沿基础研究

面向世界科技前沿、聚焦自身特色优势,强化关键共性和前瞻引领数字技术研发布局,瞄准大数据、人工智能、数字孪生、人机协同、边缘计算、区块链、6G等数字科技前沿,布局加强基础学科建设和前沿基础理论研究,重点开展人工智能基础理论、适用自然环境的视觉认知计算理论及方法、自适应长期生存软件的基础理论、数据与智能科学的理论体系、智能感知与传感理论、半导体集成化芯片系统、超低功耗高性能集成电路等研究,突破一批前沿引领技术、颠覆性技术,推进空天信息、类脑智能、人机交互、虚拟现实、数字孪生、量子计算、边缘计算、元宇宙等前沿新技术规模化应用,增强科技创新成果源头供给能力。

(二)开展应用技术攻关

围绕产业链部署创新链,启动数字经济攻关专项,着力解决重点产业创新发展和新兴产业培育的应用技术瓶颈问题,支撑保障农业强省、工业强省发展和生态龙江、数字龙江、健康龙江、平安龙江等重大场景应用。加快5G、大数据、物联网、云计算、基础元器件、移动通信、人工智能、区块链等新一代

信息技术在产业数字化关键环节的应用技术攻关，攻克一批制约工业软件、机器人、智能制造、集成电路、新型显示、智能穿戴、智慧农机、智慧农业、绿色能源、食品安全、网络安全等领域应用技术难题，以科技研发和产业化为动力，推进全省数字产品制造业规模倍增、软件和信息技术服务业提质增效，培育壮大产业发展新引擎和新优势。

……

五、注重特色发展，做强做优软件和信息技术服务业

……

（五）新兴平台软件

鼓励企业构建高性能云平台，加快超大规模分布式存储、弹性计算、虚拟隔离、异构资源调度、云边协同等技术和产品研发。推动建设人工智能应用创新支撑平台，支持人工智能算法库研发、工具集开发、试验验证和应用推广等。培育大规模融合化的区块链应用场景，重点围绕产品溯源、供应链管理、工业检测、电子商务、对俄贸易、政务服务等领域，打造区块链创新应用。建设位置服务数据中心，增强空天地一体化遥感数据服务，开展北斗卫星应用创新。支持小程序、快应用等新型轻量化平台发展。

专栏3 软件产业创新发展工程	
任务	建设内容
基础软件	支持相关高校、研究院所、平台企业和软件企业，重点针对操作系统、数据库、开发支撑软件、模拟认真软件、电子设计自动化软件、中间件工具等，开始芯片设计、系统集成与应用验证的联合攻关，推进重点行业领域和应用场景
工业软件	依托哈尔滨工业大学、哈尔滨工程大学等科技能力，加快孵化一批专精特新科技企业，研发先进适用的计算机辅助研发、制造和仿真软件和工业控制软件。依托石油、重大装备等我省优势制造业基础，打造特色石油、航天、装备、汽车等领域的专业工业软件企业，推动建设相关软件产品和解决方案的典型示范

续表

任务	建设内容
应用软件	依托海邻科、亿阳通信等企业,加大招商引资,面向金融、建筑、能源、交通、贸易、物流、医疗等重点行业领域应用需求,发展特色应用软件产品,打造一批市场占有率高、国内技术领先的软件企业
嵌入式软件	针对嵌入式系统、嵌入式数据库、系统安全与网络安全等嵌入式软件核心技术,开展高校、科研院所、装备制造企业、软件企业联合攻关,加快技术转化,提高嵌入式软件核心技术自主率、软件产品国产化率
新兴平台软件	围绕云网边协同、 AI+、区块链+等,培育本土优势企业,引进国内外龙头企业,加速技术成果转化,支持建设一批示范性应用场景,打造具有国际竞争力的软件技术和产品

......

（十）元宇宙产业

推进元宇宙核心技术与主要应用领域关键技术研发应用,支持围绕近眼显示、实时交互、巨量通信、边缘计算、3D 建模与渲染、图像引擎等开展研发创新,构建元宇宙技术体系,前瞻布局元宇宙产业。鼓励推进元宇宙在公共服务、智能工厂、城市治理、建筑信息系统与城市信息系统（BIM/CIM）、远程医疗、商务办公、智慧会展、社交娱乐等领域的场景应用,培育以应用牵引、软硬结合、创新集聚、绿色低碳的元宇宙发展生态。

专栏 4　信息技术服务业提升工程	
任务	**建设内容**
信息安全产业	加强自主可控信息安全技术和产品研发及产业化,构建以哈尔滨工业大学为技术支撑、省工研院为转化平台、安天科技为产业龙头、哈尔滨新区为落地载体的信息安全产业集群
云计算产业	支持在公有云、行业云等领域开展多云聚合服务,加强多云之间、云网之间的一体化资源调度,提升云计算产业集约化水平
大数据产业	推动哈工大大数据、国裕数据等企业做大做强,重点引进中科曙光、神州信息等大数据行业领军企业在龙江设立分、子公司和区域总部
数字创意产业	推动龙江卫视、哈尔滨工业大学、电信运营商、互联网平台等产业链关联主体协同创新,布局基于 5G+AR/VR+AI 的新型娱乐消费主流应用试点示范

续表

任务	建设内容
元宇宙产业	推动元宇宙试验区建设，依托哈尔滨人工智能创新发展试验区和高校、科研院所等载体，构建元宇宙技术研发基地和产业孵化基地，构建全省体积视频公共服务平台，促进沉浸式视频节目（直播）、元宇宙演唱会、演绎式娱乐等新兴业态集聚

......

十一、部署"一号工程"，强化规划统筹落地实施

......

（六）加强宣传展示

进一步发挥中俄博览会、亚布力论坛、哈洽会等平台作用和影响力，推动论坛向科技创新、数字经济聚焦，吸引汇聚更多企业家、科学家、产业资源、金融资本与龙江发展对接，深化和拓展合作领域。加大数字经济相关政策、新技术、新产品、新模式和领军企业等的宣传力度，培育数字经济发展的良好氛围。聚焦数字产品北上制造基地、5G、机器人、元宇宙等重点热点领域，谋划举办一批数字经济大型会展、高端论坛和峰会，积极申办世界5G大会，开展创新大赛、技能大赛、应用场景大赛等活动，强化宣传展示和交流协作。

......

元宇宙中的术语解读

1. 元宇宙

元宇宙是利用科技手段创造的、与现实交互的虚拟世界，代表着应用场景和生活方式的未来。

2. 虚拟货币

虚拟货币指非真实的货币，包括游戏币、门户网站或者即时通信工具服务商发行的专用货币以及比特币等电子货币。

3. 电子证据

基于电子技术生成、以数字化形式存在于磁盘、光盘、存储卡、手机等各种电子设备载体，其内容可与载体分离，并可多次复制到其他载体的文件。具有存在形式数字化、不固定依附特定载体和可以多次原样复制的特点。

4. 通证

通证（Token）是以数字形式存在的权益凭证，代表着一种权利，一种固有和内在的价值，可以代表一切可以数字化的权益证明。

5. 联盟链

联盟链指多方参与管理、需要通过一定要求或审核才能使用的一种区块链。每个机构或组织运行一个或多个节点，其中的数据只允许系统内不同机构读取和发送交易，并共同记录交易数据。

6. 区块链

区块链是一种不依赖第三方、独立通过自身分布式节点储存、传递、交流网络数据的技术方案。作为比特币的底层技术，区块链是通过去中心化的方式维护一个可靠数据库的数据结构。

7. TMT

TMT 是电信（Technology）、媒体（Media）和科技（Telecom）三个英文单词的首字母整合。TMT 产业是以互联网等媒体为基础将高科技公司和电信业等行业链接起来的新兴产业，具有便于信息交流和信息融合的特点。

8. 数字孪生

数字孪生是一个超越现实的数字映射系统，其充分利用物理模型、传感器更新、运行历史等数据，集成多学科、多物理量、多尺度、多概率的仿真过程，在虚拟空间中完成映射，从而反映相对应的实体装备的全生命周期过程。

9. 链游

链游（Gamefi）指的是区块链游戏，玩家可以在游戏中边玩边赚钱，不仅能够体验游戏的乐趣，还可以获得代币奖励。其融入金融产品的同时将 DeFi 规则游戏化、游戏道具 NFT 化，是将赚钱模式编入游戏本身的一种新型游戏。

10. 公钥和私钥

公钥（Public Key）与私钥（Private Key）是通过非对称加密算法得到的一个具有唯一性的密钥对。公钥可对会话进行加密、验证数字签名，只有使用对应的私钥才能解密会话数据，从而保证数据传输的安全性。公钥是密钥对外公开的部分，私钥则是非公开的部分，由用户自行保管。使用密钥对的时候，如果用其中一个密钥加密一段数据，只能使用密钥对中的另一个密钥才能解密数据。

11. 比特币

比特币是一种基于去中心化的、点对点的网络架构的，并以区块链作为底层技术的虚拟加密货币，由中本聪在 2008 年提出，2009 年诞生，具有流通性、专属性、低交易费用、无隐藏成本的特点。

12. ICO

ICO 的全称为 Initial Coin Offering，意思是"数字货币首次公开募资"，概念复制自股票市场的 IPO，是指企业或非企业组织在区块链技术的支持下发行代币，向投资人募集虚拟货币（一般为比特币、以太坊）的融资活动。

13. 去中心化

去中心化是互联网发展过程中形成的社会关系形态和内容产生形态，是相对于"中心化"而言的新型网络内容生产过程，使原来属于中心化角色的权力分散化，用户之间能自由地进行点对点交易。

14. DeFi

DeFi 的全称是 Decentralized Finance，指的是去中心化金融，主要平台都基于区块链之上，是与 CeFi 相对应的概念，具有透明度高、难以人为操控、安全性高的特点。

15. P2E

P2E（Play to Earn）是区块链游戏行业中的一种商业模式，与游戏行业普遍采用的 F2P（Free to Pay）模式相对应。P2E 模式下玩家可以通过充值、玩游戏获得游戏内资产或货币所有权。

16. Web 3.0

Web 3.0 是互联网的新时代，通常被称为"读+写+拥有 Web"。Web 3.0 的本质是去中心化的、安全的互联网，基于区块链底层技术的支持，通过网络实现价值的重新分配，无须中间商或大型科技公司，用户就可以在其中安全地交换价值和信息，实现用户的参与和控制。

17. 区块链应用服务

区块链应用服务（Baas）一般指利用区块链上产生的数据提供的基于区块链的区块/交易查询、数据信息提交等定制化应用服务。

18. NFT

NFT 全称为"Non-Fungible Token"，是一种基于以太坊区块链的非同质化代币，意思是不可互换的代币。每一枚 NFT 都对应着一串数字，相互之间不能替换，一般具有独一无二、稀缺、不可分割的属性。

19. KYC

KYC 全称为"Know Your Customer"，意思是了解你的客户。随着加密货币的发展，不法行为频发。为了控制风险，各国政府和金融监管部门推动 KYC 政策成为多数加密货币交易所必须遵守的规则。

20. 中央银行数字货币

中央银行数字货币（Central Bank Digital Currencies，CBDC）是由多个国家技术团队及金融机构基于区块链技术共同推出的一种集多种交易功能于一体的数字货币聚合支付系统中法定货币的数字形式，是现有中央银行发行的法定数字货币的延伸，主要功能为跨境支付、离线支付等。

21. 稳定币

稳定币是一种具有稳定价值的加密货币。在加密货币价格波动巨大且没有主流法币直接与数字货币进行兑换交易时，稳定币可作为媒介通过锚定法币的手段来维持币价的相对稳定；在币价剧烈波动时，稳定币可以弥补法币交易实效性降低的问题，规避币价下跌带来的风险。

22. 爬虫

爬虫是一种按照一定规则自动抓取万维网信息的程序或者脚本，其优势在于不需要用户操作即可自动判断网页数据的状态并及时更新。

23. 智能合约

智能合约是一种计算机协议，其以数字方式促进、验证或执行合同的谈判或履行，允许交易在无第三方情况下展开，是区块链的核心技术之一。

24. 二级市场

二级市场是数字货币在一级市场发行后，由投资者交易数字货币或数字藏品的行为形成的市场。

25. 空投

空投指的是项目初期为了推广而免费向用户发放数字货币或数字藏品的行为。

26. 去中心化交易所

去中心化交易所（DEX）是由智能合约运行的交易所，全称为"Decentralized Exchanges"。

27. 去中心化自治组织

去中心化自治组织（DAO）全称为"Decentralized Autonomous Organization"。该组织允许所有利益相关者对于协议治理、开发议题进行投票，采用去中心化的治理模式。

28. 虚拟资产

虚拟资产（Virtual Assets）是与现实世界存在隔离的，可以满足一定的隐私和财富增值需求的资产，具有中心化、匿名性、无国界特点，如虚拟货币、NFT。[①]

29. 加密资产

加密资产（Crypto Assets）是与区块链技术相关新型资产类别的统称，指可以在网络用户之间自由进行价值转移的东西，一般多指在区块链网络上发行的数字资产。通过区块链浏览器，用户可以查询到这些加密资产交易的全部流程。

30. Social Fi

Social Fi 是"Social"和"Finance"结合产生的概念，指社交化金融。Social Fi 对社交经济进行去中心化的尝试，发行人通过社交代币与参与者直接连接，用户在使用过程中可以将自身社交影响力金融化、通证化以获得收益。

31. 数字人民币

数字人民币（Digital Currency Electronic Payment，DCEP）是人民银行发行的、由指定运营机构参与运营并向公众兑换的，以广义账户体系为基础，支持银行账户松耦合功能，与纸钞和硬币等价，并具有价值特征和法偿性的可控匿名的支付工具。[②]

[①] 来自中国人民银行反洗钱监测分析中心主任苟文均在首届陆家嘴国家金融安全峰会上表示应加强新兴虚拟资产监管的相关发言。

[②] 来自中国人民银行数字货币研究所所长穆长春发言。

32. 治理代币

治理代币是一种在特定协议中授予其所有者投票权的代币，不具有价值储存功能，也没有直接效用价值。持有者持有的治理代币越多，在某个问题上的决策权重就越大，而时间加权的投票权给予锁定治理代币时间更久的用户更多的决策权。

33. 加密艺术

加密艺术是基于区块链技术以提供服务或创造数字艺术作品的艺术，是近年来新诞生的艺术领域。

34. 非同质化权益

非同质化权益（Non-Fungible Right）是一种数字资产或具有独特资产所有权的数字代表，使用区块链技术、以计算机代码为基础创建，记录基础物理或数字资产的数字所有权，并构成一个独特的真实性证书。[①]

35. 铸造

铸造（Mint）指将数字文件转换为数字资产储存在区块链上的过程。

36. 合成

合成指利用主线叙事的不断发展，衍生出更多同类型的 NFT。

37. 以太坊

以太坊（Ethereum）是一个开源的、具有智能合约功能的公共区块链平台，通过其专用加密货币以太币（Ether，简称"ETH"）提供去中心化的以太虚拟机（Ethereum Virtual Machine）来处理点对点合约。

38. 去中心化账本

区块链是一个去中心化的账本，每个节点都可以显示并维护总账，除非已经控制了超过一半的节点，否则不能更改账本。

39. 侧链

侧链是区块链领域的一种新技术，为满足数字资产在不同区块链间互相转

---

① 为 NFR 白皮书中定义。主编为北航数字社会与区块链实验室的蔡维德和天元律师事务所的曾雯雯。

移的目的而产生。

40. Gas Fee

Gas Fee 是支付给在以太坊上提供算力的矿工的手续费。Gas 是一种度量单位，用以计算以太坊网络上每个交易所需要的计算工作量。越复杂的交易需要越庞大的算力，Gas Fee 也就越多。

41. 去中心化存储

去中心化存储（IPFS）是一种点对点的分布式文件存储协议，是与 HTTP 相对应的概念。HTTP 依赖中心化服务器，容易遭受攻击，下载速度慢，存储成本高；而 IPFS 是分布式节点，不依赖主干网，相对不易被攻击，存储成本更低，存储空间更大，下载速度更快，同时可查找文件历史版本记录，且能永久储存。

42. 去中心化身份

去中心化身份（Decentralized ID，DID）是一种新型标识符，具有唯一性、高可用性、可解析性和加密可验证性。DID 通常与公钥等加密材料和服务端点相关联，以建立安全的通信信道。

43. 公钥基础设施

公钥基础设施（Public Key Infrastructure，PKI）是用以实现基于公钥密码体制的密钥和证书的产生、管理、存储、分发和撤销等功能的硬件、软件、人员、策略和规程的集合。